LIDERA TU COMUNICACIÓN

11 PÍLDORAS DE TRANSFORMACIÓN Y CONSCIENCIA PARA EMPRENDEDORES VALIENTES

LIDERA TU COMUNICACIÓN

11 PÍLDORAS DE TRANSFORMACIÓN Y CONSCIENCIA PARA EMPRENDEDORES VALIENTES

Alejandro Quintana

Ana Bizarro

Ana Claudia Rodríguez

Ana Rivas

Beatriz Blasco

Ernesto Ortiz

Francisco Javier Gutiérrez

Mariví Porras

Pablo Ape

Sergio Melich

Tania Carrasco

© de los autores
Alejandro Quintana, Ana Bizarro, Ana Claudia Rodríguez, Ana
Rivas, Beatriz Blasco, Ernesto Ortiz, Francisco Javier Gutiérrez,
Mariví Porras, Pablo Ape, Sergio Melich, Tania Carrasco

EDICIÓN: Alejandro Quintana
www.oficiodeescritor.com

DISEÑO DE CUBIERTAS: Marta Bernal
www.martabg.com

DISEÑO DEL INTERIOR Y COMPOSICIÓN: Mariana Eguaras
www.marianaeguaras.com

ISBN: 979-8-6100-7578-5

ÍNDICE

¿TE ATREVES A SER TÚ? EL PRIMER UMBRAL DE UNA VIDA PLENA

Alejandro Quintana
Editor de libros y coach para escritores de ficción
www.oficiodeescritor.com

Cualquiera que esté pensando en vivir una vida plena necesita, ante todo y esencialmente, un buen nivel de autoconocimiento. Me explico: una vida plena pasa por establecerse en la coherencia mental y emocional. La eficacia de las decisiones que tomas para alcanzar tus metas vitales depende en buena parte de alinear tus acciones con tus emociones, pensamientos y deseos. Es necesario, además, hacerlo de forma brutalmente sincera con uno mismo, pues esa coherencia es lo que construye tu realidad. No lo que piensas, lo que sientes o lo que haces, sino la coherencia de todo ello.

Dicho de otra forma: no atraes lo que quieres, sino lo que eres. Y no eres lo que haces, o lo que piensas o lo que sientes, eres todo ello a la vez. Piénsalo bien… ¿cuántas veces tu corazón te decía una cosa y la cabeza otra? ¿Cuántas veces has hecho o dicho algo que, en realidad, no deseabas decir o hacer solo porque es lo que se esperaba de ti? Si deseas vivir una vida plena, necesitas ir más allá del «yo» que te ha condicionado la vida hasta ahora. Esto significa dejar atrás muchas de tus creencias y patrones.

Un ejemplo: quieres emprender un negocio para ser el único responsable de tu tiempo y tu economía. Dudas entre dedicarte a lo que te gusta, digamos que viajar y fotografiar paisajes, o montar un servicio de *hosting*. Pero claro, no sabes cómo ganar dinero con aquello que te apasiona y te decantas por el segundo. Ya no estás siendo tú. Ganan tus creencias sobre cómo uno puede o no puede ganarse la vida. Eliges el camino seguro, el que parece más fácil. ¿Cuál es el precio que pagas al elegir la seguridad por encima de tus sueños?

Por tanto, ¿qué hay en el fondo de tu corazón? ¿Lo sabes realmente? ¿Sabes lo que deseas hacer con tu vida DE VERDAD? Pero he aquí la pregunta del millón de dólares: ¿Te atreves a ser lo que en realidad eres? La cual conduce a la pregunta que vale diez millones, como mínimo:

¿Quién eres, en realidad?

Porque, ¿te has parado a pensar que, quizá, gran parte de lo que haces, dices, sientes o piensas no es tuyo, sino que te lo han inculcado? Los seres humanos funcionamos a base de conductas aprendidas. Nos educan en base a unos valores, creencias y principios, que se convierten en patrones de comportamiento. Es fácil y natural confundir esos patrones con lo que somos, porque nos regimos por ellos para desenvolvernos en la vida. Y la mayoría de las veces nos funciona, aun a costa de pagar un alto precio por ello: ¿has renunciado a algún sueño por convertirte en una persona seria y responsable? ¿Sacrificaste una parte de ti o algo importante en tu vida por ser tan fuerte como creías que debías ser?

El verdadero autoconocimiento significa entender quién existe bajo todas esas capas de creencias y patrones. Para ayudarte en esa indagación, me gustaría presentarte unos recursos prácticos que te conduzcan a tu propia respuesta de la gran pregunta: ¿Quién eres realmente? Y permíteme, por favor, que comience contándote una breve historia. Una historia muy, muy personal, que ilustra lo dicho hasta ahora.

PERSONAS ALTAMENTE SENSIBLES EN ENTORNOS ALTAMENTE COMPETITIVOS

Mi padre quería un hijo futbolista y le nació un poeta. Pero claro, yo no sabía que tenía alma de poeta. Lo que sabía es que era torpe con el balón, que me faltaba picardía, que no era capaz de imponerme, que no sabía chutar, ni regatear, ni…

En resumidas cuentas: yo era un inútil. Torpe, lento, atontado. Incapaz. Esto era así en el deporte y se hizo extensivo a muchas otras áreas de mi infancia. Al niño que le dicen a todas horas para lo que no vale, acaba creyendo que no vale para nada. Porque cuando tu padre te dice que debes ser fuerte, hábil, rápido, y no te sientes fuerte, ni hábil, ni rápido, crees que algo en ti está mal. No en tu capacidad para regatear o correr, sino en ti. En general. Porque cuando sientes que tu padre admira a tu mejor amigo porque a él sí le gusta el fútbol y chuta como un demonio, y a ti te mira con decepción, lo que quieres es sentir la admiración de tu papá.

Pasé toda mi infancia, adolescencia y juventud intentando conseguir esa aprobación en todo aquel que tuviera un mínimo de autoridad: maestros, entrenadores, jefes, los malotes de la clase o del barrio… Pero por mucho que hiciera y me esforzara, incluso aunque a veces se me valorara, no llegué a desembarazarme nunca de la sensación de ser decepcionante.

Hasta que, ya en mi vida como adulto, entendí que de nada sirve la aprobación externa si uno no se aprueba y se acepta a sí mismo completamente. Incondicionalmente. Poco a poco, paso a paso, fui entendiendo al poeta que hay en mí. Llegó el día en que, incluso, llegué a creer en él. Así que comencé a perseguir mis sueños como si la vida me fuera en ello. Y es que, de alguna manera, me iba.

No hace mucho, descubrí lo que era ser una Persona Altamente Sensible gracias al libro de Elaine Aron, *El don de la sensibilidad*[1]. Aquel fue un gran día: entendí que mis mayores dones, talentos y

---

[1]   *El don de la sensibilidad*, Elaine Aron, Ediciones Obelisco, 2006

habilidades se escondían en lo que siempre había considerado mi lacra personal, mi mayor defecto, mi maldición. Ya antes de dar con el libro había aprendido a aceptarme tal como soy. También había hecho las paces con mi padre, a quien tantos aprendizajes, al fin, debo agradecer. No sería quien soy sin esa dolorosa experiencia.

Ya no busco la aprobación externa, ya no niego quién soy en el fondo de mi corazón… y lo más importante: ya no necesito ir por la vida cargado de corazas, porque he entendido que mi fortaleza reside en lo que suele considerarse fragilidad. Orgullo de poeta. Nada puede herirme si yo no lo permito. Sí, claro que puedo sentir dolor, pero puedo elegir cómo ese dolor me afecta. Puedo usarlo como catapulta o como un pozo sin fondo en el que hundirme. Esa decisión depende de mí y de nadie más.

Puedes creerme si te digo que necesité desembarazarme de muchas creencias sobre quién era yo, sobre lo que podía o no podía hacer, sobre cómo interpretar la historia que me conté a mí mismo sobre el mundo, las personas, las relaciones y mi papel en todo ello. Y puedes creerme cuando te digo que todavía me falta muchísimo por soltar, aunque haya recorrido un largo camino. Los patrones y creencias no se cambian de un día para otro. Pero se cambian, ¡vaya si se cambian!

EN BUSCA DE LA VERDADERA LIBERTAD

Como dije al principio, para vivir una vida plena, es imprescindible un buen nivel de autoconocimiento. Ancestrales preguntas como ¿Quién soy? ¿De dónde vengo? ¿A dónde me *dirijo?* tienen hoy día plena vigencia. Son preguntas inherentes a la condición humana que no entienden de épocas, civilizaciones o modas. Aunque me gustaría entrar ya en el terreno de lo práctico… ¿Cuáles son, pues, las herramientas de autoconocimiento que podemos usar para encontrar respuestas en nosotros mismos y no donde nos han enseñado tradicionalmente?

Voy a presentarte, si deseas recorrer el camino de la VERDADERA libertad personal —no la que otros definieron para sí mismos, sino tu propia libertad—, las herramientas de autoindagación que mejor conozco y que han resultado ser las más efectivas: la escritura, entendida como un acto de liberación, y la narrativa para reinterpretar y reescribir tu historia personal.

Escribir es un acto solitario. Te coloca frente a una hoja en blanco por la que puedes fluir libremente con tus pensamientos y emociones, con tus anhelos más profundos y también con tus temibles fantasmas. Luces y sombras se manifiestan sobre el papel, materializando y poniendo nombre a aquello que muchas veces da vueltas en el interior de nuestra cabeza y corazón, sin que seamos capaces de canalizarlo de una manera sana. Escribir puede liberar aquello que permanece atrapado en el inconsciente, mostrando traumas enterrados, sueños olvidados. De repente, puede aparecer la solución a un problema que nos parecía insalvable o muy duro de afrontar.

No nos engañemos: todos pasamos por este mundo con una serie de conflictos que hay que resolver para poder vivir una vida plena. Y no hay plenitud si no hay libertad. Una historia familiar y el papel que tú desempeñas en esa historia puede mantenerte encadenado toda una vida. Pero cuando tomas la RESPONSABILIDAD de tu propio destino y entiendes que resolver esos conflictos pasa por resolver cómo te afectan las historias de los demás, el Universo pone toda una maquinaria a funcionar para que puedas liberar esas cadenas.

El despliegue de esos recursos se produce en tu interior y se manifiesta en el exterior. El conocimiento es poder y cuando te conoces a ti mismo te estás preparando para desplegar el poder que eres. Ese poder tiene la capacidad de transformar el mundo y lo manifiestas mediante la palabra. Palabra, por supuesto, acompañada de coherencia. Recuerda: pensamiento, emoción, deseo, acción… y palabra.

No son pocos los libros que han cambiado a las personas que luego han cambiado el mundo. Esos escritores se enfrentaron un día a la página en blanco, usándola como espejo de su propio interior para iluminarlo y luego ser portadores de una luz que alumbró a otros. Todo empieza con la página en blanco, cantidades industriales de honestidad descarnada y valor, mucho valor para enfrentarse a los fantasmas, al enemigo interno, ese saboteador de sueños que aprendimos un día a ser.

Por tanto, si vas en busca de la libertad interior, de respuestas a las preguntas sobre quién eres, de dónde vienes y a dónde vas, y tienes valor para profundizar en ti, empieza a escribir. Podrías llevar un diario, por ejemplo. Al final del día, busca un momento de soledad y expresa cómo te has sentido, qué has hecho, pensado, dicho... Cuando lleves un rato escribiendo, expresa cómo te sientes en el momento, qué estás pensando y qué te gustaría de verdad saber o hacer, cuál es tu sueño, tu mayor deseo. O no busques un objetivo concreto, tan solo deja que tus emociones y pensamientos fluyan. Es importante que este diario no lo lea nadie. Es solo para tus ojos. Te sorprenderá lo que emerge desde el fondo de tu ser si te permites ser honesto y escribes desde el corazón... o desde las tripas.

Y si la escritura es reveladora, a continuación te presento la herramienta más práctica que conozco para reinterpretar tu historia personal.

EL VIAJE DEL HÉROE Y LA CONEXIÓN ANCESTRAL

El ser humano lleva contando historias desde que se reunía en torno a una hoguera bajo el cielo estrellado. Los cazadores que regresaban de la partida para alimentar a su tribu contaban las peripecias vividas en su exploración más allá de los límites de su cueva:

> *Fuimos por el bosque y hallamos un buen lugar donde encontrar agua. Luego vimos pisadas de oso, así que tened cuidado si vais por allí. Seguimos el rastro de un ciervo, pero unos lobos también le perseguían. Comí unas bayas rojas que me provocaron diarrea, no las comáis...*

Y así, el conocimiento pasaba de generación en generación, transmitido por vía oral y en forma de historias. Más adelante las civilizaciones fueron consolidándose y creando culturas cada vez más complejas y evolucionadas. Su forma de contar las historias, transmitiendo en ellas conocimientos y experiencias, también se refinó.

Nacieron los mitos, personajes que encarnaban la metáfora de una enseñanza más elevada.

Fue Homero, unos 900 años antes de Cristo, quien —supuestamente— escribió *La Ilíada*[2] y también *La Odisea*[3], sentando las bases del PERIPLO HEROICO. El viaje del héroe se define en 12 etapas, que son una forma de explicar el paso de cada ser humano por este mundo. Una metáfora práctica. Una guía para la vida. Conocer e identificar estas etapas en tu propio periplo vital puede darte muchas pistas sobre quién eres en realidad, qué pruebas has superado o por qué momento de tu historia personal estás pasando. Estas etapas son:

- **Mundo ordinario.** Te desenvuelves en un entorno conocido y te sientes seguro en él. Es lo que hoy día conocemos como la *zona de confort*. Hasta que aparece un conflicto que pone tu vida del revés y te genera NUEVOS OBJETIVOS VITALES. Esto último es muy importante, ya que cuando aparece un conflicto puedes acomodarte a las nuevas condiciones. Aceptas el nuevo orden de la realidad, con lo cual el conflicto se incorpora a la zona de confort y deja de ser un conflicto... lo cual no significa que la situación resulte cómoda. Un buen ejemplo de esta etapa es cuando llega un nuevo jefe a hacerse cargo de tu centro de trabajo. Hace cambios que no te gustan y, además, no te llevas bien con él. Se abren en ese momento dos caminos: o te adaptas a la nueva realidad o cambias de trabajo. Como puedes comprobar, el viaje del héroe no va de novelas de capa y espada. Sirve para representar casi cualquier situación de la vida cotidiana. Y, aunque tiene miles de años, aplica también al mundo contemporáneo.
- **Llamada a la aventura.** Ante el conflicto, tienes la opción de iniciar los pasos que te conduzcan a materializar el nuevo objetivo vital. Sopesas pros y contras, tienes en cuenta los retos que necesitarás superar, las herramientas de las que dispones y

---

[2]   La Ilíada, Homero. Editorial Cátedra, 2007

[3]   La Odisea, Homero. Editorial Cátedra, 2006

las probabilidades de éxito. Es muy posible que tengas todo en contra y nada aconseje que des el paso decisivo para cambiar de vida, para recorrer ese nuevo camino. Sin embargo, suele aparecer un sentimiento que equilibra la balanza. Es una sensación en la boca del estómago, como una especie de llama que prende tu espíritu aventurero. Nuestros ancestros fueron exploradores, guerreros, cazadores… el ser humano, aun con toda lógica en contra, ha decidido dar los pasos para ir más allá de lo seguro. ¿Qué hay tras esa montaña? ¿Y tras la siguiente? ¿Qué hay más allá de esa línea donde termina el mar?

- **Rechazo de la llamada.** Pero el miedo es un poderoso aliado y es de imprudentes no escucharlo, como mínimo. Así que la decisión de iniciar el viaje se va retrasando y retrasando. Hay días que la única opción viable es adaptarse, quedarse en puerto seguro. Puedes llegar a olvidar —o intentar olvidar—, que tuviste la loca idea de emprender una aventura tan incierta. Y, sin embargo, esa llamita en la boca del estómago sigue quemando a menudo. Aquí encontramos uno de los dilemas centrales del ser humano: ¿hago caso a mi cabeza o a mi instinto? Hay días que te sientes capaz de todo y estás a punto de mandar a tu jefe al diablo. Hay días que solo te sientes con fuerzas para bajar la cabeza y decir «A la orden, jefe». Hay días de resignación y días de rabia e impotencia. ¿Cabeza o corazón? ¿Razón o instinto?

- **Encuentro con el mentor.** Entonces aparece alguien o sucede algo que te da la clave para iniciar ese camino. El mentor no tiene por qué ser un anciano sabio de barba blanca. Ese sería el arquetipo, pero esta etapa hace referencia a la toma de conciencia del problema y la decisión de iniciar la aventura pase lo que pase. En una conversación casual, por ejemplo con un amigo o con tu pareja, sus palabras te producen un impacto y sabes, más allá de toda duda, que no te queda otro remedio que dar un paso decisivo. Lo ideal es toparse con alguien muy sabio que no solo te dice las palabras exactas en el momento preciso, sino que, además, te proporciona claves y herramientas para que puedas adentrarte con ciertas garantías en territorio desconocido. Esto queda genial en las historias épicas. En la vida real sucede pocas veces, a no ser que contrates a un mentor profesional para un tema específico, *coach* o terapeuta. O ves una película que te inspira, lees un libro o artículo; o te inspira una escena cualquiera de tu vida cotidiana. Pero, sea como sea, el cambio, el paso, es tu decisión. Tu RESPONSABILIDAD. Siempre es una decisión que tomas internamente y solo llega cuando estás preparado. Por eso, no tienes más maestro que tú mismo, aunque la información necesaria para tu proceso llegue a través de alguien. Tú eres tu propio mentor. Siempre.

- **Travesía del umbral.** La decisión está tomada. Lo has visto claro y sabes que vas a hacerlo. Ahora solo toca ponerse en marcha o todas las tribulaciones anteriores se quedarán en el mundo de las ideas. Toca respirar hondo y pasar a la acción. El primer paso es el más decisivo, porque es el inicio de un viaje del que, quizá, no hay vuelta atrás. Te armas de valor, de las herramientas que has comenzado a manejar y entras en el despacho del jefe. Le comunicas que te vas de la empresa para iniciar un proyecto propio. Tras un silencio cargado de tensión dramática, te felicita, te dice —protocolariamente— que se te echará de menos y acordáis los detalles de tu salida. No ha sido tan malo como esperabas, ¿verdad? Acabas de dar el paso. Tu vida ha cambiado en unos pocos minutos. Durante unos días, semanas o tal vez meses, estarás en una especie de tierra de nadie, un mundo intermedio entre tu vida anterior y tu nueva vida. Pero ya es una realidad. ¿Eres consciente de todos los umbrales y todas las «tierras de nadie» que has atravesado hasta ahora? El periplo del héroe es muy, muy real...

- **Pruebas, aliados, enemigos.** Los primeros pasos en tu nueva vida, más allá de la zona de confort, te ponen en contacto con una nueva realidad plagada de dificultades, aunque también de oportunidades. Eres «novato» en un mundo desconocido, en el cual rigen otras reglas. Tienes herramientas y habilidades para desenvolverte en ese territorio especial, estableces nuevas alianzas, te enfrentas a obstáculos con los cuales no habías contado en un principio. Tal vez alguien te lo pone difícil, o te engaña, o te traiciona. Viejos amigos se distancian de ti, no te fías de las personas nuevas que llegan a tu vida. ¡Tu anterior jefe no era tan ogro, al fin y al cabo! Paso a paso, aprendes y adquieres experiencia. Vas ganando habilidades, te equivocas, tropiezas, te levantas otra vez. A veces tienes la sensación de avanzar un paso y retroceder dos. Cada día es una aventura incierta. Pero vas ganando confianza, vas sintiéndote cada vez más cómodo en ese territorio especial. Ya no te resulta tan desconocido.

- **Aproximación a la caverna más profunda.** Todo recorrido vital conduce siempre hacia el encuentro con lo más temido, con nuestro mayor miedo, nuestro gran enemigo. Con avances y retrocesos en el camino, en algún momento te enfrentas a una especie de «examen final». Es inexorable. Son esos instantes de la vida en que estás ante la prueba que va a definir quién eres en realidad. Incluso —piénsalo bien— cuando has rehuido ese momento decisivo las circunstancias se te han repetido una y otra vez. Acostumbramos a tropezar siempre con las mismas piedras, hasta que decidimos afrontar las situaciones que más rechazo nos causan. Esa «caverna más profunda» es una metáfora de la propia sombra: aquello que decidimos ocultar de nosotros mismos porque nos avergüenza, nos incomoda, nos asusta, nos duele. Igual que esa cueva es una parte —más o menos escondida— de ti, el enemigo al que vas a enfrentarte no es otro que... ¿adivinas?

- **Odisea.** Digámoslo claro: igual que eres tu propio maestro, eres tu mayor enemigo. El enfrentamiento con ese antagonista siempre conlleva un enorme aprendizaje. Puede que no salgas victorioso del encuentro, pero lo que aprendas en esa crisis te dará claves esenciales para otro enfrentamiento. Recuerda todas las historias, ya sean novelas, cuentos o películas, en las que el héroe tiene que vérselas consigo mismo. Por ejemplo, el aprendiz de caballero *jedi* Luke Skywalker, en *El imperio contraataca*[4],

---

[4]   *Star Wars: Episode V - The Empire Strikes Back*, Irvin Kershner, 1980

lo descubre en el planeta Dagobah cuando se adentra en la zona del lado oscuro de la Fuerza, pues quien se esconde tras la máscara de Darth Vader, su terrible adversario, es él mismo. Por grande, poderoso y temible que sea tu enemigo externo, las limitaciones que te impiden vencerlo residen en tu interior: si no te sientes capaz de enfrentarte a él, eso ya es en sí una derrota. Dudas de ti, de tu capacidad, de tu fuerza. El empleado que deja su trabajo para emprender y no consigue clientes, necesita un curso de ventas, pero siempre ha considerado que los vendedores son mentirosos, o agresivos, o interesados. ¿Cómo va esa persona a vender, si esas creencias le ponen a él mismo como mentiroso, o agresivo, o interesado? Por tanto, para vencer esas creencias que impiden que su proyecto funcione, deberá enfrentarse a sus propias limitaciones. En su interior tiene tanto las claves que le permiten vencerlas, como las creencias que las alimentan. ¿Cómo no va a ser complicado afrontar eso? ¡Es un combate a vida o muerte! Porque cuando mueren las creencias que han sostenido nuestra realidad durante tanto tiempo, una parte de nosotros muere... para que otra pueda renacer. Solo quienes están dispuestos a pagar ese precio, avanzan.

- **Recompensa**. Aunque pierdas la batalla decisiva, o aunque una vez derrotado el enemigo más temible surja otro más poderoso todavía, puedes caer en la cuenta de que en el aprendizaje adquirido es donde se halla el verdadero tesoro escondido de la caverna más profunda. Bien, no has salido —del todo— victorioso, pero el enfrentamiento te ha permitido obtener muchísima información sobre el enemigo. Tal vez hayas visto cómo se defiende, cómo ataca, qué estrategias emplea para sobrevivir. Incluso puedes haber detectado su punto más débil. Todo ello te ayuda a adquirir nuevas herramientas y entrenar habilidades que, hasta el momento, no habías considerado. Te haces más fuerte, más hábil. Retrocedes y avanzas y, con cada paso, ganas en seguridad. Llegas a creer honestamente que, aunque los enemigos te derroten una y otra vez, la preparación para el combate te está haciendo fuerte. Tal vez no sea tanto cuestión de derrotar al adversario como de entenderlo… interesante cuestión, ¿no crees? Es decir, ¿el combate es la mejor solución? ¿Podrías utilizar la fuerza del enemigo a favor? En la mayoría de las artes marciales no te enseñan a agredir, sino a defenderte de las agresiones aprovechando la fuerza del atacante. Sea como sea, todos pasamos un examen cada vez que aparece ese enemigo en nuestro periplo. Saber que puede aparecer en cualquier momento nos mantiene en guardia. Nos obliga a seguir aprendiendo y entrenando. Tal vez, y solo tal vez, ese enemigo oculto en la caverna más profunda y que emerge de vez en cuando es una bendición, después de todo. Otro buen mentor, un implacable maestro que nos obliga a estar siempre atentos… aunque sea por las malas.

- **Camino de regreso**. Por lo general, ese conocimiento adquirido durante el periplo nos lleva de retorno al punto de partida: ahora tenemos suficientes conocimientos y experiencia como para devolver el equilibrio a nuestro mundo ordinario. Con una sensible diferencia: nos hemos expandido. Ese mundo que era tan incierto cuando cruzamos el umbral se ha convertido en la nueva «zona de confort». Asumimos retos más complicados, ganamos confianza y salimos airosos, incluso beneficiados, de situaciones que antes ni habíamos soñado afrontar. Sí, en ocasiones perdemos, pero aprendemos de los errores y ya no tenemos la sensación de dar un paso adelante y dos atrás. Cada decepción, cada derrota, también se convierte en un avance cuando entiendes que el tesoro se halla en el aprendizaje, en el valor que necesitas reunir para enfrentarte a lo que más asusta o duele. Y todo eso —la experiencia, la seguridad en nosotros mismos, la capacidad de resistencia y aprendizaje—, a menudo nos hace caer en la trampa más sutil e inesperada de todas: demasiada seguridad en uno mismo. Llega la relajación. El reposo del guerrero. Bajas la guardia. Pero creer que cuando ya has cazado al oso no van a acosarte los lobos durante el camino de retorno, es un error fatal.

- **Resurrección**. Porque en algún momento del recorrido se nos va a presentar la prueba definitiva. El verdadero examen final. ¿Somos dignos del tesoro que hemos cobrado? ¿Está realmente integrado en nosotros o solo creemos que hemos aprendido algo importante, pero seguimos tropezando con los mismos obstáculos de siempre? La vida nos dará la oportunidad de demostrar si podemos dar por superada una etapa y pasar a la siguiente, o todavía queda algo por resolver. Cuando crees que ya resolviste todos los temas dolorosos con tu padre, alguien te dice, tal vez incluso en broma, algo que te sienta como una puñalada en el corazón. Pasas el día entero dándole vueltas y el resto de la semana triste, irritable, inestable. Caes en la cuenta de que eso mismo, en tono hiriente, te lo decía tu padre. Y te sigue doliendo. Entonces, ¿queda algo por resolver? Si una herida está sanada no debería doler o, al menos, ese dolor no debería alterarte. Hay heridas que nunca cerrarán del todo, pero cuando recorres el camino del héroe hay una diferencia: el dolor del pasado, el dolor que verdaderamente has enfrentado, comprendido, integrado y perdonado, ese no afecta tu presente, ni condiciona tu futuro. Eliges ver los problemas como oportunidades para crecer, en lugar de sentir que son una desgracia. La vida nos presenta pruebas para que podamos confirmar si una herida se cerró o queda algún recoveco de la caverna por explorar. Lo curioso es que cuando puedes cerciorarte de que has superado una prueba, de que has integrado un aprendizaje, la vida deja de confrontarte con ese mismo obstáculo. Prueba superada y a otra cosa.
- **Retorno con el elixir.** Y, siendo dignos de ese conocimiento, que siempre había estado en nuestro interior pero del que solo tomamos conciencia realizando un arduo viaje, nos convertimos en el héroe capaz de enfrentar nuevos retos para los que ya estamos preparados: hemos demostrado valor y capacidad una vez y podemos seguir haciéndolo, cada vez más fortalecidos y preparados. Otros comienzan a vernos como personas capaces de afrontar y superar problemas complicados de verdad. Y no

solo eso, sino que nos ven hacerlo con ímpetu, con decisión, seguridad y, tal vez, con una sonrisa en los labios. Empiezan a pedirnos consejo, orientación. Se apoyan en nosotros cuando la vida se lo pone difícil. Así, entonces, a quien ha recorrido con éxito el periplo heroico, se le confiere autoridad para guiar a otros en su propio recorrido vital. En sus manos está el cómo emplear dicha autoridad porque, en esta etapa, el héroe puede caer en una nueva trampa: ¿elijo usar en mi favor tal poder, o elijo ayudar por el simple hecho de hacer el bien? La etimología de la palabra *héroe* no está del todo clara, aunque algunas fuentes[5] apuntan a que puede estar ligada a la raíz indoeuropea *ser*, de la que también derivan las latinas *servare* y *servus*, de las que provienen *servir, siervo* y *conservar* —en el sentido de proteger—. Lo que está claro es que la palabra héroe está muy ligada a proteger y servir. No en vano el lema del departamento de policía de Los Ángeles —y otras ciudades del mundo— sea, precisamente, «Proteger y servir». Cuando un héroe opta por ayudar a otros, se convierte en mentor de quienes van a iniciar su periplo. El círculo se cierra.

¿Qué sacas en claro de este periplo heroico? ¿Eres capaz de identificar en tu vida partes de ese viaje? ¿En qué momento te encuentras ahora mismo? ¿Estás a punto de cruzar un umbral o te mantienes en el rechazo de la llamada, esperando a ese mentor que te dé la patadita en el culo definitiva para iniciar tu viaje?

EL FINAL ES EL PRINCIPIO

Los seres humanos contamos historias para que generaciones futuras se beneficien de los conocimientos acumulados por la experiencia y no caigan en el olvido. Pero, sobre todo, nos contamos a nosotros mismos nuestra propia vida como si fuera una historia, para entenderla

---

[5]   *Indogermanisches etymologisches Wörterbuch*, Julius Pokorny (1959). Editorial Nabu Press, 2011

mejor y llegar a conocernos a un nivel profundo. Personalmente, creo y siento —de hecho, lo sé— que hacer del autoconocimiento un pilar fundamental para ir por la vida es una buena estrategia. Piénsalo un instante: cuando el objetivo es conocerse a uno mismo, palabras como éxito o *fracaso* se relativizan muchísimo. Pase lo que pase, detrás de cada experiencia se esconde un gran aprendizaje.

La escritura es una herramienta extremadamente precisa para tal menester. Cuando escribes, estás en total soledad ante una hoja en blanco. No hay nadie a quien engañar, no necesitas ocultar nada, ni disimular poniéndote una máscara o revistiéndote de una armadura. Solo la verdad y tú, cara a cara. Es absurdo esconder tu sombra.

¿Te cuento un secreto? ¡A pesar de ello, en algún momento vas a engañarte, a disimular y a protegerte! En el fondo, tiene lógica: nadie mejor que tú para llegar al verdadero fondo de las heridas más dolorosas. Una parte de ti se defiende de ese poder. Esa parte de ti que quiere mirar a otro lado es, precisamente, y aunque parezca un aliado que te protege, el mismo enemigo que se quitará la máscara cuando te adentres en la caverna más profunda. No hay más traidor que uno mismo.

Tampoco hay nadie más a quien proteger y servir. La parte de ti que da el paso y va más allá es el héroe que vive en tu interior, el maestro, el mentor: tu sanador interno. ¿Te atreves a liberarlo? ¿Te atreves a ser tú?

Se abre una puerta ante ti. Es un umbral, ya lo sabes. Da miedo cruzarlo. Lo sé. Es tentador resistirse, quedarse en el sitio, aunque el sitio no sea donde quieres estar. Pero sabes lo que significa quedarte en ese lugar: más de lo mismo para el resto de tu vida, tropezando en las mismas piedras una y otra vez. Y, un día cualquiera, tal vez mañana, tal vez dentro de unos años, morir. Tus decisiones dirigen tu vida, pero ¿quién dirige tus decisiones, el héroe o el traidor? Elige. A veces, es cuestión de hacer lo más difícil: dar el primer paso para cruzar ese primer umbral.

COMUNICAR CON LOS CINCO SENTIDOS

Ana Bizarro
Asesora y Consultora de Negocios Digitales y Conscientes
www.accionconalegría.com

Cuando decidí que mi nueva profesión sería diseñar emociones, sabía que estudiaría toda mi vida el maravilloso mundo de la biología humana y, concretamente, el de las reacciones químicas que unen el cuerpo y la mente a través del latido del corazón. Me fascina el ser humano, su evolución y su transformación. El mundo de los sentidos, de los estímulos, de las chispas —como le llamo yo—, de la espontaneidad, me apasiona.

Mi madre falleció muy pronto, a los 64 años, tras una larga enfermedad: la diabetes. Desde entonces, busco respuestas a mis preguntas existenciales, simples y primarias, pero necesarias para seguir levantándome cada mañana con ilusión y disciplina. El primer libro que me permitió empezar a sanar esta pérdida fue *La enfermedad como camino*[6], de Thorwald Dethlefsen y Rüdiger Dahlke. Posteriormente, los fascinantes libros de Andreas Moritz, *Los eternos secretos de salud*[7] y *Rasgando el velo de la dualidad*[8] me reconciliaron con la vida y con nuestra misión aquí, en la Tierra. Adoro y devoro los buenos libros.

Lo tengo clarísimo en mi mente. Nuestro cuerpo está compuesto por un tejido —células, glándulas y órganos— que es receptor y

---

[6]   *La enfermedad como camino,* Thorwald Dethlefsen y Rüdiger Dahlke. Random House Mondadori, 2007

[7]   *Los eternos secretos de salud,* Andreas Moritz. Ediciones Obelisco, 2008

[8]   *Rasgando el velo de la dualidad,* Andreas Moritz. Ediciones Obelisco, 2010

emisor de energía, además de los cinco sentidos. La magia de la vida consiste en recibir, procesar, integrar y transmitir esta energía como información práctica y útil para los seres humanos. Me gusta mucho la palabra *canalizador* o *canalizadora*. Me aburren palabras como *maestro, sabio, genio* y, por supuesto, *gurú*. Tal vez por eso comulgo tanto con el taoísmo en estos últimos años.

¡Somos antenas andantes y libres! Qué divertido, ¿verdad? Estamos todo el día recibiendo y emitiendo ondas. En definitiva, comunicando como cualquier emisora de radio. Consciente o inconscientemente, lo queramos o no. Hacernos conscientes de ello es lo que llamamos ahora DESPERTAR. ¿No te parece interesante? Cuando entendí que somos energía y que las emociones son el puente entre el pensamiento y la acción, sentí paz, mucha paz… ¿tú también quieres transformar y trascender tus emociones?

Te explico mi primer punto de inflexión u *orgasmo emocional:* mi madre falleció el domingo 3 de febrero de 2013. Estaba sedada desde hacía tres días. A las 8:00 de la mañana acudí al hospital para relevar a mi padre, que había pasado la noche junto a ella. Tras el breve ritual de hidratarle la piel y peinarla, quise ponerle una música que le gustaba mucho: Il divo. El título elegido fue *Mamá*, un canto y un himno a las fantásticas madres que cada día expanden su amor incondicional por sus hijos y por la vida.

Apenas terminaron las últimas notas, un respiro muy intenso llamó mi atención y una luz inexplicable invadió la habitación. Estaba perpleja. Mi mente no entendía nada, tampoco mi corazón. Solo mi Alma recibió un primer mensaje muy potente.

Ana, tienes que ayudar a fomentar el amor y respeto entre los hombres y las mujeres para reducir los conflictos de género, para que ninguna mujer muera de desamor.

El viernes 15 de febrero recibí un segundo mensaje: presentaba en los talleres *Tú puedes hacerlo* de Rentería a mi gran amigo Raimon Samsó, tras elegirlo como mentor para mi proceso de reinvención. ¡Sin saberlo, mi proyecto *Acción con alegría* se estaba gestando!

El domingo 24 de febrero celebraba mi 40 cumpleaños, a mi gusto y en la más estricta intimidad, cumpliendo uno de mis deseos… subir a lo alto del islote de Gaztelugatxe y pedir un deseo: ser libre, sabia y rica.

Tardé meses en descifrar en profundidad cada uno de estos tres mensajes subliminales, o señales, recibidos durante todo el mes de febrero del 2013.

LOS OJOS TIENEN EL PODER DE SENTIR EL MUNDO INTERIOR Y EXTERIOR QUE NOS RODEA

Seis años después, este deseo se ha materializado en mi vida y por eso quiero compartir contigo mis aprendizajes en estos últimos años sobre la comunicación y sobre uno de mis mayores valores: la confianza, que se genera con una comunicación coherente y sincera con uno mismo.

No es lo mismo ver que observar o contemplar

¿Cuántas veces vamos caminando por la calle y no reconocemos a un amigo o conocido? ¿Cuántas veces vemos la tele —o una pantalla cualquiera— y no prestamos la más mínima atención a nuestro alrededor? El cuerpo se protege de los estímulos recibidos a lo largo del día y se centra solo en un 5 % de toda la información que recibe. Es lo que llamamos la *mente consciente*. Esto, unido a la comodidad —cada día más presente en nuestras vidas— ha convertido nuestro cuerpo en una cerrada coraza, cada vez más perfecta. Puedes leer *El caballero de la armadura oxidada*[9], de Robert Fisher, para entender este concepto de coraza o armadura. Es una novela con mucho sentido del humor.

Es verdad que necesitamos quitarnos las gafas para ver mejor, pero ¿para qué? ¡Si lo tenemos —casi— todo! Matthieu Ricard, el hombre

---

[9]   *El caballero de la armadura oxidada*, Robert Fisher. Ediciones Obelisco, 2008

más feliz del mundo, dice que las sociedades desarrolladas como Europa o Estados Unidos son las sociedades más infelices. Yo me lo creo. Además, para ver cosas que no nos gustan o nos catapultan de nuestro sillón preferido… ¡uf! Qué mal rollo, ¿no? Podemos ver con gafas o sin ellas, pero si no estamos conectados al corazón, motor de las emociones, no podremos contemplar el paisaje en sus múltiples dimensiones. Ver con consciencia es sentir y percibir la información como emociones positivas o transformadoras. Las negativas nos destruyen, aunque sea lentamente y sin apenas darnos cuenta.

El sentido de la vista es uno de los más importantes. Nos informa de la luminosidad, la posición, el tamaño, la forma, los colores, el volumen y el entorno en general. Aprendemos un 10 % de lo que leemos, un 50 % de lo que oímos y vemos y un 95 % de lo que enseñamos a otros. Así lo dice la pirámide del aprendizaje de Edgar Dale. Así lo explotan también las cadenas de televisión o las pantallas en general —móvil, *tablet*, ordenador o cine—.

NO ES LO MISMO VER QUE OBSERVAR —SÍ, ME REPITO, PERO ES IMPORTANTE—

Cuando observamos añadimos conciencia y disfrutamos del presente. Cuando contemplamos conectamos con la paz mental, pues observamos sin juicio. Apreciamos los rayos del sol, los copos de nieve, el rayo de la tormenta, la luz de la luna. Al observar todo es belleza, la luz y la oscuridad. Por resumir, a través del filtro de los ojos podemos ver hacia fuera o hacia dentro. Las emociones se crearán en ambos casos. ¡Y esto es pura magia! La clave para diseñar nuestras propias películas.

De ahí el poder de la visualización, de la imaginación, del sueño que, ¡ojo!, funciona cuando ponemos nuestro foco o conciencia en la poderosa máquina de las emociones y nuestro cuerpo lo siente de verdad. Con pensarlo no vale, de ahí que muchos siguen incrédulos al poder de las emociones. ¡Son incapaces de bajar los pensamientos al cuerpo!

Visión consciente = visión externa + visión interna o interpretación

---

Pongo un ejemplo sencillo: estamos en las maravillosas playas de tu destino paradisíaco, viendo el azul turquesa del mar, la frondosa vegetación y la excitante fauna. ¡Es nuestra realidad! El recuerdo, con todo lujo de sensaciones, se almacena en el subconsciente. Unos meses después, lejos de este escenario, rescatas esas emociones y visualizas tus recuerdos. ¿Cómo te sientes? Déjame adivinar… veo una enorme sonrisa en tu cara.

Esta es una prueba sencilla del poder de la visualización y por qué debemos entrenar y transformar nuestras emociones a diario. Es una herramienta muy potente para sentirnos bien y materializar las emociones en nuestra realidad. Lo mismo pasa cuando vemos una película. De ahí que todos sepamos la importancia que tienen nuestros ojos y sus correspondientes cualidades para dirigirnos y orientarnos en nuestro mundo, real o virtual.

Si nos fijamos con atención y detalle en nuestro entorno, en el susurro del viento, en la expresión de los niños, o en la mirada de nuestra pareja o interlocutor, obtendremos mucha información con solo mirar y mucha comunicación si miramos con el corazón. Más adelante hablaremos de la comunicación no verbal y de su magia.

Por resumir, los ojos son una herramienta vital para estimular y gestionar nuestras emociones y elevar nuestra conciencia para, de esta manera, enriquecer y crear nuestro mundo interior y exterior. Somos los dueños de nuestras visualizaciones y podemos materializarlas si es nuestro deseo. Eso sí: ¡nada se consigue sin práctica diaria!

EL BINOMIO BOCA-NARIZ ES IMPARABLE CUANDO TOMA CONCIENCIA DE SU VITALIDAD

Otro de los órganos dentro de la comunicación, muy importante para mí, es la boca. Concretamente, el binomio boca-nariz que utilizamos a diario para RESPIRAR. ¿Podríamos sobrevivir sin respirar?

¿Podríamos sobrevivir sin beber agua? Lo que sí podemos es vivir sin hablar, ¿no te parece? Sin respirar y sin beber agua, lo dudo.

La respiración es una gran fuente de energía, inagotable y gratuita. La respiración consciente ha llegado a occidente para quedarse. Soy una apasionada del ejercicio y del entrenamiento, pues, para mí, el cuerpo es el templo del alma. Tengo la suerte y el privilegio de ser consciente de ello desde muy pequeña, cuando me pasaba horas bailando. En los años 90, me aficioné al aerobic y al *step*. En el 2000, justo antes de ser madre, llegaron al gimnasio las bicicletas de *spinning* y, desde entonces, es mi actividad favorita para cuidar el cuerpo. Pedalear es mi meditación activa diaria. Respiro de manera consciente, mantengo mi frecuencia cardiaca y fortalezco mis piernas. ¡Tres en uno! ¿No es un chollo?

Cuando respiremos conscientemente, comunicaremos conscientemente y, lo más importante, con seguridad. ¿Qué relación tiene la respiración consciente con la comunicación? Para comunicar mejor debemos manejar perfectamente los tiempos, el ritmo, la intensidad y los músculos de la lengua. Sí, sí… la lengua se ejercita también, cualquier profesor de oratoria te lo confirmará. Desde luego, los mejores *speakers* no son los que más saben de un tema, sino los que mejor comunican. Hablando alto o bajo, rápido o lento, respetando los tiempos de silencio, siendo muy claros y directos apoyándose en la comunicación corporal, que es el reflejo de la coherencia entre las acciones y los pensamientos.

Be-Think-Do es el lema de mi admirado Jürgen Klaric, un gran comunicador que, con estas tres palabras, fomenta la unión de estas tres acciones para ser más auténticos, convincentes, y así comunicar mejor. En la era de la información, la comunicación es una herramienta poderosa y de gran alcance, pues no solo refleja coherencia, sino también alegría. Aprendo mucho más cuando un conferenciante incluye el sentido del humor en su charla o debate. En 2010, en plena crisis profesional, tuve la suerte de conocer a Emilio Duró, que hablaba de optimismo e ilusión. Si te gusta aprender riendo, no te pierdas alguno de sus vídeos en YouTube.

Una persona alegre, optimista y entusiasta rinde entre el 65 y el 100 % más. ¿No te parece que vale la pena adentrarnos en el mundo de las emociones para hacer «como si» fuéramos felices? ¿Quién no se ha echado a reír al ver algún video viral de la risa contagiosa de un niño? La risa no solo es contagiosa, además es espontánea. Es una excelente y auténtica vía de comunicación, pues no está manipulada por nuestra mente. Reírse es buenísimo para la salud. Hacerlo a carcajadas es una de las mejores terapias para soltar tensiones y emociones reprimidas. Por eso creo en la risoterapia, no solo para sacarles una sonrisa a los niños en los hospitales, también en las empresas para sacársela a los empleados y a los empresarios. Debemos, entre todos, destruir el mito de que «no es serio reír en los negocios». ¡Por favor!

LA FUERZA DE UN BESO COMO MEDIO DE COMUNICACIÓN

Para terminar este apartado sobre la comunicación oral, no puedo dejar de comentar la fuerza que se emite o recibe con un beso. Un beso en la mejilla si la relación es cordial, un beso en la boca si la relación es íntima, un beso con lengua si la relación, además de íntima, es divina y mágica. ¿Cuántas parejas casadas con hijos y relaciones de más de 15 años dedican una tarde entera a besarse? No estoy diciendo a hacer el amor ni a desnudarse. Estoy hablando de besarse, suave o apasionadamente. «Es que no tengo tiempo». ¡Por Dios! Se evitarían tantos conflictos…

Mi nicho de clientes son hombres y, cuando nos encontramos en una sesión individual trabajando la energía sexual, muchos terminan diciendo:

—Ya sabes, en el sexo la que manda es ella.

Al hombre le cuesta muchísimo entender que las mujeres necesitamos un clima de seguridad y confianza para llegar a la intimidad. A las mujeres nos cuesta entender que el hombre no es experto en sexo y, en muchas ocasiones, no tiene ni la más mínima idea de cómo complacer a su pareja —ni se le ocurre preguntar tampoco—.

Si quieres tener una mejor comunicación con tu pareja, practica el beso. Si quieres tener una mejor comunicación con tus hijos, bésalos con mucha más consciencia si ahora lo haces de manera automática.

En algunas culturas, como la francesa —que conozco muy bien—, al llegar al trabajo o a la escuela, los adultos y los niños se dan entre dos y cuatro besos dependiendo la zona de Francia en la que habitan. No digo que sea una obligación o que se haga siempre con consciencia, pero me parece un sencillo y bonito hábito utilizar nuestra boca no solo para respirar, comer, beber y hablar, sino también para expresar sentimientos.

UNA DE LAS EVOLUCIONES MÁS IMPORTANTES DEL HOMBRE: LA FLEXIBILIDAD DE LAS MANOS —Y EL PODER DE LA ESCRITURA—

Cuando empezaron las primeras tensiones con mi marido antes del divorcio, me hice muchas preguntas. Una de ellas: ¿Por qué no conseguimos entendernos, qué falla en nuestra comunicación? En enero del 2011 me apunté a un curso de oratoria para encontrar alguna respuesta. La verdad, aprendí muchas cosas con el gran profesional Manu Marañón. Recuerdo con mucha claridad y nitidez una de sus conclusiones: «Los nuevos líderes del siglo XXI serán los que sepan escuchar». Una de las preguntas recurrentes de los asistentes y el trabajo más complicado fue la de qué hacer con las manos mientras hablamos. Su respuesta fue contundente: «Hay que dejarlas expresarse libremente».

Está claro que las manos nos permiten escribir en una hoja de papel o en un teclado de ordenador. Son, por lo tanto, una gran herramienta de comunicación. Soy bloguera desde el 2013, tengo más de 300 artículos escritos y almacenados en mi dominio www.accionconalegria.com y así seguiré muchos años más, pues la escritura me parece una excelente acción cotidiana, además de una estupenda terapia para materializar y ordenar nuestro ruido mental. Es mucho más relajante escribir que hablar, ¿no te parece? Hablar, en muchas ocasiones, ¡hasta me aburre!

Conservo como un tesoro las cartas recibidas durante mi adolescencia, en los años 80, cuando la informática y el correo electrónico no habían invadido nuestras vidas ni los medios de comunicación. Escribir, borrar, tachar, leer, releer, me sigue pareciendo el mejor camino para asimilar e integrar nuevos aprendizajes. Pienso, con determinación e intensidad, que muchas enfermedades psicológicas se resolverían escribiendo más. ¡Nos comemos tanto la cabeza! Raimon Samsó dice y repite en muchas de sus charlas que todos deberíamos escribir un libro —o varios—. Sin embargo, muy pocos lo hacemos.

Nuestros conocimientos y vivencias pueden ser de mucha utilidad. El libro sigue siendo El Gran Medio De Comunicación. Creo en el poder de la palabra y en el poder de la interpretación que cada uno puede hacer a partir de una misma palabra. ¿No te pasa que, en ocasiones, te sientes decepcionado al ver una película, tras el buen sabor de boca que te dejó el libro? Un libro es lo más neutro que existe hoy en día para disparar nuestra imaginación. De ahí que también sea el elemento menos eficaz para muchos, pues se necesita implicación, creatividad e interpretación por nuestra parte. Es mucho más complicado leer que ver una película o escuchar música, pues estas últimas son actividades pasivas.

Además de escribir, nuestras manos también nos permiten dibujar y expresarnos. Una vez más, transformar nuestro ruido mental en maravillosos lienzos o *graffitis* callejeros. Expresarse con las manos o a través de un instrumento es un arte tremendamente poderoso, además de silencioso y armonioso. ¿Cómo no hablar de la magia de la música? Piano, violín, guitarra, trompeta, tambor, batería, arpa… para todos ellos necesitamos nuestras manos, transmitir la vibración de nuestras emociones a través de un instrumento. Pero no todos los tocamos con la misma pasión y conexión.

Lo más sorprendente que he visto con la música es el arpa judía de boca y el theremín cuántico —¡alucinante el poder de las manos!—, pero la vibración de los cuencos tibetanos o el sonido que emana del contacto de los dedos con las copas de cristal llenas de agua también mola. Nuestra mirada es energía, nuestra respiración es energía, nuestra lengua es energía y, por supuesto, nuestras manos son energía. ¡No comunicaremos lo mismo con bajas o altas energías!

Antes de pasar a la expresión corporal quiero compartir uno de los descubrimientos más alucinantes que he vivido desde que decidí profundizar y bucear en el maravilloso mundo de las emociones. Cada emoción está relacionada con una vibración. Ahora, la verdad, no me sorprende, pero cuando lo descubrí en el libro del doctor Hawkins, *El poder frente a la fuerza*[10], me emocionó muchísimo.

Cada emoción tiene una equivalencia vibracional que los científicos han medido en megahercios —medida de frecuencia energética—:

- Vergüenza: 20 MHz
- Culpabilidad: 30 MHz
- Apatía: 50 MHz
- Aflicción: 75 MHz
- Miedo: 100 MHz
- Deseo: 125 MHz
- Enojo: 150 MHz
- Orgullo: 175 MHz
- Coraje: 200 MHz
- Neutralidad: 250 MHz
- Voluntad: 310 MHz
- Aceptación: 350 MHz
- Raciocinio: 400 MHz
- Amor: 500 MHz
- Alegría: 540 MHz
- Paz: 600 MHz
- Iluminación: 700 MHz

Por eso, mis dos actitudes principales en la vida son la acción —en la dimensión física— y la alegría —en la dimensión emocional—. La combinación de ambas me permite sentirme viva y relacionarme con respeto y autenticidad. No es fácil dar un salto de una vibración a otra, pero la paz mental, que siento cada vez más grande en mí, me permite estar centrada y en equilibrio para transformar mis pensamientos en sentimientos de amor y respeto.

---

[10]   *El poder frente a la fuerza*, David R. Hawkins, Editorial Grano de Mostaza, 2015

Otros datos expuestos en el libro que me chocaron muchísimo:

- El 85 % de los humanos calibran por debajo del nivel crítico del coraje.
- El 4 % de la población mundial calibra en el campo energético del amor.
- Solo el 0,4 % alcanza el nivel 540 de la alegría.

De ahí mi convicción de que gestionar —que no controlar— nuestras propias emociones, nos permite aceptar cada una de ellas y elevarlas al rango de vibración. Por supuesto, rodearse de personas, cosas o situaciones vibrantes es una estupenda terapia para relajarse.

CONECTAR CON EL CUERPO A TRAVÉS DEL BAILE —O DE UNA ACTIVIDAD FÍSICA—

La expresión corporal es silenciosa y sigilosa, pero habla por los codos. Desde mi «despertar» con la crisis de los 40 —en mi caso empezó a los 35, ¡qué le vamos a hacer!—, muchos son los libros que han llamado a mi corazón. *La comunicación no verbal*[11], de Flora Davis, es uno de ellos. Comienza aclarando lo siguiente:

> La comunicación verbal no sería nada si no estuviese acompañada de la comunicación no verbal, puesto que esta apenas engaña, mientras que la verbal puede verse influenciada por los intereses de la persona. En cambio, todo lo que engloba la comunicación no verbal: gestos, mirada, expresiones, etc. es muy difícil de ser manipulado por el locutor.

Desde que nací he huido de los círculos cerrados donde las obligaciones y las reglas nos impiden evolucionar desde la libertad. En los años 70 tuve el lujo de disfrutar de un colegio laico, con niños y niñas que hablábamos distintos idiomas y nos nutríamos a diario de

---

[11] La comunicación no verbal, Flora Davis. Alianza editorial, 2010

tres culturas muy diferentes como son la francesa, la española y la vasca. Sin duda, esto me ha permitido tener siempre una mente muy abierta y respetuosa con las desigualdades.

Hoy en día, estoy convencida de que haber vivido esta integración desde los tres años ha marcado mi vida para siempre. Lo diferente no me da miedo, al contrario: me parece un maravilloso campo de investigación, crecimiento y evolución. Gracias, papá y mamá. Gracias, amigos y maestros de vida por regalarme tantas maravillosas aventuras en mi paradisiaca y adorada bahía del Txingudi, entre Irún y Hendaye. Ser bilingüe me ha permitido entender que la palabra no es la única vía de expresión y que hay lenguajes que son universales, como el de la sonrisa o el baile.

Desde muy pequeña empecé con la práctica del baile y ello me ha llevado al convencimiento de que, cuando bajamos los pensamientos al cuerpo —meditación—, la mente se calma. En mi caso, me relajo además de liberar el cuerpo y de tensiones ocultas. Lo mismo ocurre con cualquier actividad física como el yoga, las artes marciales, caminar o nadar. El sexo es la más potente de todas las comunicaciones físicas, pues cuando se une el polo masculino —*yang*— con el polo femenino —*yin*—, ¡el poder es semejante al de una bomba nuclear!

LA MAGIA DE ABRAZAR NUESTRO POLO FEMENINO Y MASCULINO PARA EXPRESAR EL AMOR INCONDICIONAL

Si piensas que bailar es una actividad complicada para bajar los pensamientos al cuerpo, te propongo adentrarte en el mundo del abrazo.

Un día alguien te abrazará tan fuerte
que todas las partes rotas se unirán de nuevo.
Elliot Aronson[12]

---

[12]   *El animal social,* Elliot Aronson. Alianza editorial, 2000

He estado conviviendo 20 años al lado de un gran maestro, el padre de mis hijos. Una vez separada, me he relacionado sentimentalmente con hombres 10 años más mayores o 10 años más jóvenes rompiendo muchas absurdas barreras mentales que tenía. En algún momento, incluso me pregunté si tal vez me gustaban las mujeres, pero uno de los aprendizajes más importantes en mi vida fue la reconciliación con el hombre que vive en mí. ¡Sí, esto es algo que está muy alejado de nuestras creencias y nuestra sociedad occidental! Sin embargo, es lo que me permite abrazar sin miedo y amar sin condiciones a cualquier ser humano.

Amo incondicionalmente a niños y ancianos, hombres y mujeres, empresarios y asalariados, casados y solteros, europeos y orientales, grandes y pequeños… pero tan solo quiero convivir y evolucionar junto a un hombre que admire mi energía *yin* y quiera hacer de su vida algo extraordinario con su energía *yang*. ¡No puedo con los hombres sin ganas de acción y aventura! Amar incondicionalmente no significa tener sexo, ni dejarse penetrar por cualquier tipo de energía masculina o femenina. En mi caso, admiro la energía *yang* del hombre, y dispongo de la inteligencia y determinación necesarias tanto para atraerla como para ponerle límites —porque la trabajo y la reconozco en mí—. Ser consciente de esto me permite mejorar mi comunicación y mis relaciones personales e íntimas.

¿Por qué es tan difícil hoy en día relacionarse? Primero, porque no nos amamos ni somos sinceros con nosotros mismos. Segundo, porque confundimos amar con mantener una relación íntima. Por último, porque nos cuesta muchísimo —a mí por lo menos— aceptar ser amados. Por eso lo resumo con este mantra: amarse, amar y dejarse amar es mi camino hacia el Amor Incondicional.

Amarse significa aceptar nuestras fortalezas y debilidades. Amar significa ser auténtico y no confundir amor romántico con amor sano. Dejarse amar significa ser humilde y vivir plenamente el momento presente, sin control. Para expresar todos estos sentimientos debemos utilizar nuestra mirada, nuestra respiración, nuestras manos y, por supuesto, nuestro cuerpo. Es lo que he aprendido adentrándome en la espiritualidad, a mi gusto y a mi ritmo. He leído sobre…

- Filosofías como el Tantra, el Tao, el budismo.
- El poder de las acciones como la oración y la meditación.
- Materializar nuestros sueños a través del poder de nuestro subconsciente.
- La plasticidad y neurogénesis de nuestra mente.

Cada uno de estos caminos, cada una de estas filosofías, convergen hacia el equilibrio mental y el centro vital del mundo dual en el que vivimos. Tú puedes elegir el camino que más resuene contigo. En mi caso, lo quiero todo y tomo todos los caminos que necesito para seguir creciendo y transformarme.

CUANDO EL CUERPO, EL CORAZÓN Y LA MENTE ESTÁN ALINEADOS, LA COMUNICACIÓN BAILA ALEGREMENTE CON LOS CINCO SENTIDOS

Hasta el momento, hemos visto que:
- Debemos mirar hacia fuera y hacia dentro para ver mejor.
- Inhalar y exhalar con conciencia para caminar al ritmo y frecuencia de la vida.
- Las manos son fuente de creación y comunicación muy poderosas.

El cuerpo es un gran ordenador que se expresa diariamente con millones de acciones y reacciones automáticas. Por eso es tan importante observar y cuidar cada uno de estos cuatro canales: la vista, la respiración, las manos y el cuerpo.

Cada día me gustan más las miradas profundas y mantenidas, las respiraciones conscientes y relajadas, el arte y poderío de nuestras manos, la flexibilidad y coordinación mágica y constante de nuestro cuerpo. Todo ello es el resultado de tener una mente entrenada, abierta y disciplinada. ¡Sin mente no hay resultados deseados! Debemos conocer los extremos, pero mantenernos en un equilibrio personal que nos aporte paz y serenidad.

Las personas inconscientes, ni ven, ni observan, ni visualizan un mundo mejor. Tampoco se paran a valorar los beneficios de una respiración sosegada y sincronizada. No escriben, no pintan, no tocan un instrumento … ni aplauden. No corren, no saltan, no bailan, no se desnudan, ni dejan que su cuerpo se exprese libremente. Si lo hiciesen, o entrenasen con más frecuencia, entrarían en contacto con el poder del cuerpo y dejarían, poco a poco, su absurdo e incesante diálogo interior. Es lo que llamamos la *coherencia corporal*.

El cuerpo funciona de manera compleja, pero tremendamente sencilla. Utiliza programas —heredados— de acción-reacción, pero también acepta ser reseteado e incorporar nuevos programas vitales si los antiguos ya no funcionan. Como un ordenador. Igual, igual.

¿Somos conscientes cada vez que respiramos? ¿Cada vez que hacemos la digestión, que retenemos nuestras heces? Pues no. El cuerpo sabe cuidarse perfectamente. Hay que darle tiempo, descanso y buenos alimentos. Ahora bien, hoy en día…

¿El aire que respiramos es puro?
¿El agua y la comida que ingerimos son realmente saludables?

Pues no: la contaminación e intoxicación son cada día más omnipresentes y todos lo sabemos. Para gozar de una buena salud, nuestra labor principal es esforzarnos en cambiar nuestros hábitos alimenticios y de respiración, para empezar. Cuando un cuerpo está sano, su piel está reluciente, el pelo es fuerte, la expresión del rostro es espontánea y de mirada intensa, irradiando alegría. Un cuerpo vital, alegre y sano salta a la vista. Su onda magnética te abraza sutilmente, pero de una manera mucho más elegante. No es cuestión de fuerza —física— sino de poder —energético—. Como bien dice el Dr. Hawkins y he compartido antes, es sencillo sentir la diferencia entre una radiación de miedo —100 MHz— y una de alegría —540 MHz—. ¿Estás de acuerdo conmigo?

Por eso no hace falta que hables, llores o que te mientas, porque tu cuerpo está constantemente emitiendo en una frecuencia libre y abierta. Que solo unos pocos se detengan a sentirlo no significa que muchos otros no estemos abiertos a las radiaciones humanas. Por eso estoy de acuerdo con la afirmación de Raimon Samsó, cuando dice que «la publicidad ya no funciona para vender, lo que funciona es que seas un experto». Y yo añado: que irradia su luz y vibración en y para el mundo. La onda expansiva del amor, de la alegría, de la paz, es inconfundible. Anímate a comprobarlo, es pura magia.

Cuando amamos de verdad, aceptamos ser amado; disfrutamos de verdad, integramos las emociones como una bendición diaria; nos expresamos libremente con todo nuestro cuerpo-alma, estamos emitiendo una onda de confianza muy intensa.

No hace falta hablar ni malgastar más saliva. Nuestra mirada, nuestra presencia, nuestra expresión serán pura comunicación. La comunicación surgirá por cada poro de nuestro cuerpo. Sobran las palabras, los abrazos, incluso el sexo. ¡Sí, lo sé! Suena muy poético y lejano, pero es una realidad que se materializará a muy corto plazo. Es cuestión de creérselo y sentir a lo grande. En breve —una década o un siglo— seremos consciente de que, además de la dimensión física, emocional y mental, el ser humano dispone de una dimensión energética que nos permite vibrar y comunicar en una nueva dimensión. ¡Sí, da vértigo!

Trabajar nuestro cuerpo a conciencia y a diario a través del ejercicio físico, de la meditación o del contacto físico nos da una coherencia corporal natural y espontánea —salta a la vista— ¡Es incontrolable y a la vez divina!

Reunirnos con personas conscientes o que están despertando a esta nueva dimensión, establece una relación de confianza bilateral inmensa e infinita. No hacen falta palabras para sentir que estamos en onda. La confianza libre y espontánea crea relaciones extraordinarias que se traducen en amistades profundas, intercambios éticos, clientes fieles y una comunicación fluida, auténtica y sincera. Es verdad que es mucho más lenta que cualquier técnica de *marketing*. Sí, mucho más lenta, pero mucho más eficaz, duradera y estable. Llevo más de 45 años probándola.

También es verdad que después de visto, todo el mundo es listo. Pero la experiencia y madurez son dos pasos muy importantes dentro de un proceso de transformación individual. Cada uno tiene que transitar su camino, a su ritmo y a su gusto. Como dicen todos mis grandes guías y maestros, no te pido que te creas nada de lo que he compartido contigo en estas líneas. Te pido que dudes de cada una de ellas y tengas un par de narices para comprobarlo en tus propias entrañas. Lo vivirás con una intensidad diferente, pero estoy convencida de que surgirán chispas de vida que encenderán el gran deseo de evolucionar, sentirte VIVO y vibrar en una nueva dimensión. ¡Por eso creé la *Chispa de la Vida*!

Como dice el gran amigo y guía espiritual Ramiro Calle, a quien he tenido el privilegio de escuchar en varias ocasiones en San Sebastián: «Todo está dicho, nada está hecho». Bendigamos ser parte de este gran cambio que nos espera en el siglo XXI:

- El paso de la inteligencia emocional a la inteligencia espiritual.
- El salto de la tercera a la cuarta —o tal vez quinta— dimensión de la conciencia.
- El salto de la era industrial a la era artificial.

¡Mucho tienen que aprender los robots de nosotros para ser seres emocionales y conscientes! Pero mucho tenemos que aprender los seres humanos para comunicarnos con respeto y admiración entre nosotros. Y tú, ¿qué opinas?

HACKEA EL TIEMPO Y EL INCONSCIENTE: DOS ATAJOS PARA SER EFICAZ EN TU COMUNICACIÓN

Ana Claudia Rodríguez

Periodista, comunicadora y coach especializada en gestión del tiempo y productividad

www.ysiderepente.com

Antes era así: llamabas a tus clientes tres veces al año —una, para felicitar la Navidad— y lo hacías por teléfono ¡con cable! Cada doce meses pagabas un anuncio en el diario y una cuña en la radio para promocionar el evento estrella de tu negocio. En enero encargabas un folleto al diseñador gráfico/amigo donde incluías los detalles de todos tus servicios y productos. Punto.

Ahora, el terremoto es así: los usuarios te contactan por WhatsApp, por correo electrónico y en las redes —cualquier día, a todas horas—. Te muerdes las uñas con el Mailchimp para las campañas de Reyes, San Valentín, día de la madre y del padre, vacaciones de verano, vuelta al cole, *Halloween, Black Friday, Ciber Monday* y Navidad. Te rompes la cabeza para alimentar tu perfil de Facebook, Instagram, Twitter y te atreves con los vídeos. Piensas ideas innovadoras para el blog a todas horas, organizas *webinars*, te haces fotos corporativas y cambias de web cada dos años. ¿Te suena?

En el malabarismo del día a día de cualquier negocio, la comunicación 3.0 ha sumado demasiados platillos, y a menudo es una gesta épica mantener el equilibrio. Si no sabemos controlarla, sus demandas constantes se infiltran por las grietas de nuestras horas. Y nos quitan foco, energía y, sobre todo, efectividad.

Por eso, para manejar con éxito las nuevas exigencias comunicativas, es más clave que nunca poner atención, en primer lugar, en cuáles son nuestros propios mecanismos de gestión del tiempo. ¿Somos buenos gestores de nuestras horas? ¿Cuáles son nuestros puntos débiles y cómo superarlos para que la comunicación no nos sobrepase? En este capítulo veremos:

- Los cuatro perfiles para la gestión del tiempo.
- El secreto de Babauta para ser más productivo.
- La fórmula para comunicar sin dispersión.
- El atajo universal: saltarse las barreras del inconsciente.

LOS CUATRO PERFILES PARA LA GESTIÓN DEL TIEMPO

Para organizar tus horas de manera efectiva, te será muy útil identificar cuál es tu perfil. Será más fácil llevar adelante las tareas de comunicación sin quebraderos de cabeza cuando hayas descubierto tu talón de Aquiles.

1. EL POSTERGADOR. LAS DISTRACCIONES ME LLEVAN A POSPONER Y NO EJECUTO

Salta del correo electrónico a las redes sociales y luego a las llamadas urgentes. El Postergador es incapaz de esquivar las distracciones y focalizarse en las tareas más importantes. Siente que los estímulos externos se multiplican en su día a día y probablemente tiene razón, pero al no manejarlos amenazan constantemente su concentración y lo distraen sin parar. Es el rey de las tareas de escape.

El *multitasking* también le juega malas pasadas: la falsa sensación de «productividad» que le da la multitarea, lo aleja en realidad de su meta principal. Y, además, lo hace menos efectivo. Esta falta de foco afecta al 68 % de los trabajadores en algún momento de su vida laboral. Un estudio de la Universidad de Londres[13] afirma que cuando realizamos más de una actividad a la vez, nuestro cerebro pierde facultades: a nivel cognitivo, es peor que fumar marihuana. Nuestro CI cae en picado.

Para volver a tomar el control y cumplir sus objetivos, además de indagar en las causas de la procrastinación, al Postegador le resultará útil:

- Esforzarse en no perder la concentración durante los cinco primeros minutos de cualquier actividad, ya que los minutos iniciales son los más difíciles, en especial en aquellas tareas que nos resultan incómodas.
- Poner el móvil en modo avión y asignar horas concretas de uso durante su jornada.
- La tercera propuesta —de la Universidad de Harvard— es pensar por adelantado en las consecuencias de la postergación.
- Dejar las redes sociales para momentos de bajo rendimiento: cerca del mediodía o a última hora de la tarde.

Con qué facilidad «ahora no» se convierte en «nunca».
Martin Luther King

---

2. EL DIFUSO. HAY ACCIÓN, PERO NO HAY OBJETIVO. ¿HACIA DÓNDE VOY?

En contra de lo que muchos piensan, la clave para que el difuso maneje bien su tiempo consiste en parar por completo: porque lo más importante es determinar cuál es su objetivo. Ese es su punto flaco. Quizás se ponga en marcha cada mañana con toda la fuerza de los mares y con una rigurosidad y un método de libro, pero no llegará a ningún lugar hasta que no se siente con calma y decida hacia dónde moverse.

Una vez establecida claramente su meta, podrá saber qué debe hacer, cuáles son sus prioridades y en qué tiempo llevarlas a término

---

[13] https://www.kcl.ac.uk/ioppn

—a corto, medio o largo plazo—. Y, por fin, dejará de ver cómo sus horas se esfuman en tareas que no le llenan.

¿Qué es lo que más le cuesta? Dedicar tiempo y esfuerzo en averiguar lo que desea, que es precisamente la llave para obtener resultados en el futuro y, en el presente, mucha inspiración.

No hay ningún viento favorable para el que no sabe a qué puerto se dirige.
Séneca

---

3. EL IMPROVISADOR. SIN PLANIFICACIÓN, EL CAOS Y EL DESORDEN MARCAN EL COMPÁS DE MI VIDA

«¿Para qué voy a planificar? ¡Mejor improvisar según vayan apareciendo las urgencias!». Esta podría ser la frase bandera del Improvisador, aunque la estrategia le traiga más disgustos que satisfacciones. El tiempo se le escurre como arena entre las manos y vive apagando fuegos. «Ahora grabo un vídeo para una *story* de Instagram porque no publico hace más de diez días; ahora digo que sí a una charla cualquiera; ahora se me ocurre enviar una *newsletter* sin trabajar el contenido, ni saber cuál es el mejor día para dirigirme a mi *target*».

En ocasiones se propone organizarse, pero a menudo sus previsiones no son realistas —carga la agenda con demasiadas actividades— y eso genera mucho caos y desorden en su día a día.

Lo que él llama «espontaneidad» lo aleja de las ventajas de programar el tiempo, es decir, de actuar de manera coherente con lo que de verdad quiere —sus metas— y de ganar en productividad y eficiencia en las tareas. El Improvisador debe saber que, al trazar un plan, aumenta la conciencia de las propias fortalezas y limitaciones, y así es más fácil prepararse para el futuro y sus imprevistos.

Cuando la planificación es el músculo más débil de tu anatomía, das palos de ciego durante toda tu jornada. ¿Cómo revertirlo? Desmenuza los objetivos en pequeñas metas y establece un tiempo concreto para realizar cada una de ellas. Además, entrena en DECIR QUE NO a todo aquello que te aleje de tu camino. Dejarás atrás el ritmo desenfrenado y, automáticamente, las horas se equilibrarán.

Si un proyecto sigue estando en su cabeza,
es que aún le quedan cosas por planificar.
David Allen

---

4. EL CONCENTRADO. TODO ES IMPORTANTE Y NO PRIORIZO: EL TIEMPO VUELA, ME AGOTO Y NO LOGRO MIS OBJETIVOS.

No es lo mismo responder un mail que planificar el trabajo de una semana, ir al médico que tomar una copa con un amigo, o dormir que comprar un jarrón. Establecer prioridades es esencial para lograr nuestras metas y para evitar la pérdida de tiempo en asuntos sin importancia. Y ese es el punto débil del Concentrado: a todo le pone la misma energía, todo es transcendental.

Es común que haga listas interminables de tareas pendientes, en vez de ordenarlas según su importancia. Lo fundamental en su caso es trazar una estrategia donde las acciones más relevantes sean las primeras en realizarse.

Al priorizar obtendremos una consecuencia inmediata, que es evitar el desgaste y la frustración de trabajar sin parar y sin obtener resultados. Poner toda la garra en lo más importante es, en cambio, una sólida garantía de satisfacción.

El problema es que crees que tienes tiempo.
Buda

Cada uno de estos perfiles tiene una dificultad concreta a la hora de comunicar:

- El Difuso: la definición del objetivo. *¿A dónde voy?*
- El Concentrado: la priorización de las acciones. *¿Qué es lo más importante?*
- El Improvisador: la planificación. *¿Cómo ordeno las acciones?*

- El Postergador: la ejecución de las tareas. *¿Cómo ejecuto de forma efectiva?*

La mayoría de nosotros combinamos rasgos de las cuatro tipologías, aunque siempre una de ellas es la dominante. Puedes descubrir cuál es la tuya haciendo el test en www.ysiderepente.com/test. Existen varios recursos para superar cada desafío, pero según mi experiencia hay una sola estrategia que logra desenredar cualquier lío: la encontré escondida en las páginas del *bestseller Zen to Done*[14] —ZTD—.

EL SECRETO DE BABAUTA PARA SER MÁS PRODUCTIVO

En su *bestseller* ZTD, Leo Babauta presenta un sistema sencillo y rotundo basado en diez principios básicos para lograr mayor efectividad. Al leerlo me llamó especialmente la atención el octavo punto, que a mi modo de ver resume de forma extraordinaria el espíritu de toda su obra. Babauta nos ofrece el as en la manga perfecto para poder desplegar nuestra comunicación sin sobrecargas. Es, ni más ni menos, que SIMPLIFICAR.

LA HISTORIA DE LOS DOS PERIODISTAS

En un diario hay dos periodistas: el primero está súper ocupado y escribe una docena de artículos por semana. Todos sus artículos son decentes, pero en esencia son bastante rutinarios. Durante la misma semana, el segundo redactor escribe solo un artículo, pero consigue un titular en la primera página, se habla acerca de lo que ha escrito por toda la ciudad y en los blogs de Internet, y obtiene un premio de periodismo y se convierte en un gran nombre dentro de la disciplina. A partir de este artículo, consigue un mejor trabajo y el contrato para escribir un libro.

[14]   *Del Zen al hecho*, Leo Babauta

Simplificar en nuestra comunicación no siempre será sinónimo de trabajo fácil, pero aplicar este principio minimalista sí nos permitirá realizar las tareas con excelencia y sin perder más esfuerzo del necesario dando rodeos.

De una manera muy gráfica, este ejemplo del libro ZTD muestra hasta qué punto en muchas ocasiones nos mantenemos ocupados con acciones que no son importantes en absoluto o que no tienen ningún impacto en nuestra comunicación. Y yo puedo dar fe: he llegado a buscar durante media hora El Titular Perfecto, o he perdido una mañana entera para conseguir el poster ideal para promocionar una conferencia.

También he visto decenas de posts en redes sociales que pasan sin pena ni gloria, y cómo los *community managers* insisten en publicar contenido plano pese a no conseguir ni un triste *like*. Parece que la consigna sea un vacío y arrebatado «¡Haz, haz, haz!»: llenar el espacio, estar presentes en todas las redes sociales o anunciarse a todas horas. ¿Por qué nos empeñamos en gastar nuestro tiempo y energía atendiendo detalles insignificantes que nos hacen mediocres en nuestra estrategia comunicativa?

LAS CUATRO MEJORES FORMAS DE SIMPLIFICAR TU COMUNICACIÓN

1. APUESTA POR LO QUE TENGA MAYOR VALOR

Esta es una de las invitaciones de Babauta para lograr la sencillez efectiva. Como en el caso de los periodistas, hay que centrarse en las grandes tareas, y así adquirirás renombre, beneficios a largo plazo y mucha más satisfacción.

2. CONCÉNTRATE EN LO ESENCIAL

Es otra de las recetas del autor. «¿Y cómo sé qué es lo esencial?», te preguntarás. Identificando cuál es tu objetivo principal. La recomendación de ZTD es que no te disperses; focalízate en un solo objetivo —o en dos o tres como máximo— y no olvides que incluso las tareas más pequeñas son esenciales si te ayudan a lograr tu meta. Simplifica, apunta y lanza la flecha.

Por eso probablemente deberás plantearte si es necesario estar presente en LinkedIn, si vas a grabar vídeos, hacer entrevistas para tu blog u organizar eventos. ¿Has definido tus acciones de comunicación según el objetivo esencial de tu negocio? ¿Has elegido correctamente los canales donde estarás presente? ¿Has determinado con exactitud a tu público?

3. AGRUPA LAS PEQUEÑAS TAREAS

¿Reconoces el momento de máxima desorganización que te lleva a abrir tu cuenta de Facebook veinte veces al día para responder los comentarios de tus seguidores a cuentagotas? Eso es precisamente lo que debemos evitar. El secreto de la eficacia reside, en gran parte, en agrupar las acciones similares. Es decir, dar todos los *feedbacks* en una hora concreta, atender los correos o hacer las llamadas en bloque, o generar todo el contenido para las redes sociales un solo día. Ya habrás deducido que el mayor enemigo es tener las ventanas del navegador abiertas y las notificaciones activas, pues estás expuesto continuamente a las necesidades de los otros. O, lo que es lo mismo, a la dispersión, la distracción y el estrés.

Una última sugerencia: si en medio del trabajo importante te acuerdas de algo pendiente y pequeño, anótalo en una libreta para más adelante.

4. ELIMINAR, ELIMINAR Y ELIMINAR

Una de las medidas más radicales y de mayor impacto es esta: deshazte de todo aquello que no sirva. De hecho, algunos autores afirman que uno de los perfiles laborales del futuro será el especialista en eliminar proyectos y tareas irrelevantes. Así, dicen, las empresas podrán centrarse en los trabajos principales y eliminar el ruido y la frustración.

Para llevar a cabo este reto minimalista, tómate unos minutos y revisa tus listas de tareas y proyectos, y comprueba cuánto puedes simplificarlas. Quizás puedas deshacerte de las que ya son antiguas o quizás decidas delegar en alguien más.

Al hacer esta criba te servirá conocer la LEY DE PARETO O REGLA DEL 80/20. La enunció por primera vez, a finales del siglo XIX, el economista y filósofo italiano Vilgredo Pareto, que observó cómo esta proporción se repetía en varios ámbitos. Por ejemplo:

- Cerca del 20 % de la población mundial controla el 80 % del dinero disponible.
- Tú usas el 20 % de tu ropa en un 80 % de las veces.
- El 80 % de las ventas de una empresa las realiza el 20 % de los clientes más fieles.

Siguiendo este principio podemos definir que el 80 % de los resultados provienen del 20 % del esfuerzo o que solo el 20 % de las tareas que realizas son las más importantes. La propuesta es que escribas veinte tareas que realices diariamente o de forma semanal, e identifiques las cuatro más significativas, tu 20 % de éxito. Del resto, despídete.

Recuerda que, si no priorizas, tendrás continuamente una sensación de descontrol y caos y tu trabajo no tendrá repercusión. Simplifica, suelta lo que no sirve y con menos esfuerzo lograrás mucho más. Como decía Leonardo da Vinci, la simplicidad es la sofisticación definitiva.

LA FÓRMULA PARA COMUNICAR SIN DISPERSIÓN

Ya hemos visto que la comunicación en la actualidad es una carrera de obstáculos continua que nos demanda atención en varios frentes y que requiere simplificación. Pero una vez simplificadas, ¿cómo organizar las tareas en el día a día? Y aquí solo hay una respuesta correcta: planifícate.

Planificar es un hábito que consiste en anticipar una acción para decidir si la vas a realizar o no y en qué momento concreto. Nos ayuda a tener más control de nuestro tiempo, visualizar el camino a seguir, nos da más motivación para lograr nuestras metas y obtener más satisfacción personal. Pero, sobre todo, nos libra de un peligro del que nos salvamos muy pocos, según Amy Webb, profesora de la New University Stern School of Business. Déjame explicártelo así:

> *El otro día me encontré con un amigo. «Me voy a la Luna», me dijo, y aunque yo sonreí con sorna él mantuvo el gesto serio. «De verdad, me voy a la Luna», insistió. Y ante mi expresión incrédula disolvió el enigma en ocho palabras: «Pero no ahora. Me voy en diez años». Y luego me explicó toda su hoja de ruta: trazaría un plan financiero de una década para ahorrar y obtener ingresos extras, los dos primeros años los dedicaría a perfeccionar su inglés, y los cinco siguientes estaría en contacto con la NASA para informarse y ultimar detalles. Los últimos veinte meses servirían para poner en forma su cuerpo y su mente para el reto.*

Y es que planificar nos permite tomar decisiones tácticas a largo plazo y completar objetivos complejos que serían imposibles de cumplir a través de la improvisación. Cuando Webb estudió el comportamiento de algunos líderes de empresas, observó que muchos de ellos tendían a aplicar soluciones a corto plazo, cuando lo adecuado es tener una visión a cinco o diez años vista, que permita organizar las actividades de forma estratégica.

«¡¿Cinco o diez años?!», dirás con sorpresa. Cuanto más lejos miremos en nuestra planificación, más orden y perspectiva tendremos para ordenar nuestras intenciones. El cortoplacismo para manejar la comunicación de nuestro negocio nos impide realizar objetivos ambiciosos que podrían marcar realmente la diferencia. Nuestras mejores intenciones deben dibujarse en el largo plazo e ir en paralelo a una planificación más inmediata.

LOS CUATRO TIPOS DE PLANIFICACIÓN

Existen cuatro modos de planificar para mantener una agenda clara:

1. Planificación a largo plazo

La planificación a largo plazo nos permite atender la estrategia del proyecto. ¿Hacia dónde vamos? Y nos ayuda a definir qué acciones quiero llevar a cabo a un año vista o más, dependiendo de la envergadura del proyecto.

Para realizar este tipo de diagnóstico podemos aprovechar momentos de baja actividad en nuestro negocio —como el verano o las vacaciones de Navidad—.

Por ejemplo: «El año que viene lanzaré un nuevo programa de formación en *time management* para *startups*». O bien: «Para la primavera abriré una cuenta corporativa de Instagram».

2. Planificación trimestral

Es el puente entre la planificación a largo y a corto plazo, y sirve para revisar y ajustar las previsiones anuales. Nos da información sobre la situación en que nos encontramos en este momento.

Por ejemplo: «Este mes recopilo información para crear el programa de formación para *startups*; el mes que viene lo estructuro y redacto; al siguiente me ocupo del diseño visual. En el caso de Instagram, en el primer mes determino el tono y el tipo de contenido; en el segundo mes me centro en las imágenes y los vídeos de calidad; y el mes previo al lanzamiento adelanto la preparación de treinta posts».

3. Planificación semanal

Es primordial para determinar las principales tareas de la semana y no desviarse con objetivos menores. Garantiza productividad y eficacia. Un día indicado para hacer esta previsión es el viernes: permite planificar el trabajo después de evaluar los resultados conseguidos en esa semana.

4. Planificación diaria

El dominio de la planificación diaria es una de las bases de una correcta gestión del tiempo. Nos da información sobre qué pasos tengo que seguir hoy y cuáles van a ser las prioridades. Es recomendable hacer la previsión a última hora del día anterior, para empezar al día siguiente con los objetivos definidos y listos para la acción.

Para crear el hábito de planificar de una manera sencilla —recuerda: SIMPLIFICA—, las herramientas más utilizadas y útiles son los calendarios, ya sean digitales o en papel. En comunicación, recurre a un calendario editorial que te marcará los próximos pasos a seguir y preparará a tu cerebro para la tarea que le espera. En el *link* siguiente puedes descargar una plantilla para la planificación mensual de tu comunicación digital[15]. Es un recurso muy valioso que te permitirá:

- Disciplinarte y asentar las rutinas de producción.
- Adelantar la creación estratégica de contenidos.
- Preparar recursos de mayor valor.
- Equilibrar las temáticas de tus publicaciones.
- Evitar el bloqueo creativo.
- No perder de vista a tu público objetivo o las *keywords* de tu proyecto.

---

*Recuerda que por cada hora de planificación
ahorramos hasta diez de acción.*

Por eso se recomienda pasar más tiempo discurriendo y menos operando. Nuestra mente está diseñada para observar, reflexionar, analizar e interpretar. En el futuro, estas aptitudes serán también las más valoradas, cuando la tecnología, las máquinas y la automatización sustituyan nuestra mano de obra. Prepárate y piensa como un directivo: crea la estructura que mejor se adapte a ti y alcanzarás más fácilmente tu meta.

---

[15] https://bit.ly/2thS0CM

EL ATAJO UNIVERSAL: SALTARSE LAS BARRERAS DEL INCONSCIENTE

Si hablamos de comunicación eficiente y de cómo simplificar los procesos para llegar a nuestro público, no podemos ignorar el poder de la información que transmitimos de forma inconsciente. En especial, si tenemos en cuenta que procesamos en torno a 11 millones de bits —unidades de información— por segundo de forma inconsciente y solo 50 bits por segundo conscientemente. Nuestro centro de control en la sombra es una inmensa habitación llena de información.

En una entrevista de trabajo, por ejemplo, el seleccionador decide en los tres primeros minutos si el candidato es la persona elegida o no. Inconscientemente «lo sabe» en seguida. El resto del tiempo solo le sirve para encontrar argumentos que justifiquen racionalmente su decisión.

Y es que, en cualquier acto de comunicación, nuestros mecanismos internos ejercen un inmenso poder. La mayoría de las veces nuestros patrones y creencias influyen de forma silenciosa y sin que apenas nos demos cuenta. Son reacciones automáticas.

LOS SEIS PRINCIPIOS DE LA PERSUASIÓN

La buena noticia es que los seres humanos compartimos patrones de comportamiento, que podemos observar para tener más claridad y así entender los engranajes que nos mueven. ¿Qué se pone en marcha cuando nos comunicamos? Los seis principios de la persuasión, que estableció el prestigioso investigador de la Universidad de Arizona Robert Cialdini, nos dan algunas pistas.

Estos principios afectan de forma inconsciente nuestra toma de decisiones. Son muy útiles para saber las consecuencias de nuestra manera de comunicarnos: cómo generar cercanía con la audiencia y ser convincente, y también para prevenir intentos de manipulación y así reaccionar adecuadamente.

1. El principio de reciprocidad

La mayoría de las veces, en situaciones sociales nos sentimos obligados a devolver los favores que nos han hecho, por gratitud. Detrás hay una razón biológica, porque en el pasado para el ser humano ha sido fundamental compartir para sobrevivir: hemos adquirido estos sentimientos innatos de estar en deuda cada vez que alguien hace algo por nosotros. Existen, además, tres factores que acentúan este efecto:

a) Ofrecer algo en primer lugar. Por ejemplo, cuando los Hare Krishna empezaron a regalar flores para captar fondos en la calle entre desconocidos. La estrategia hizo aumentar de forma espectacular las donaciones a su organización.

b) Ofrecer algo exclusivo. Nos sentimos especiales cuando una marca nos informa por email de que las rebajas se adelantan para nosotros y que disponemos de productos en promoción una semana, ¿verdad? Allí entra el juego el principio de reciprocidad.

c) Ofrecer algo personalizado. Por ejemplo, al enviarnos un saludo especial por el día de nuestro cumpleaños. Este recurso era más eficaz cuando éramos inocentes consumidores y no conocíamos al frío robot que estaba detrás de la felicitación.

2. El principio de compromiso y coherencia

En el trascurso del día disponemos de múltiples opciones para actuar o para pensar, pero cuando nos decidimos por una de ellas, el principio de compromiso nos impulsa a mantenernos fieles a esa elección. Por eso es muy probable que sigamos a un líder de opinión o que compremos una marca determinada cuando ya lo hemos hecho alguna vez en el pasado. Queremos ser leales.

En cuanto al principio de coherencia, indica que las personas sentimos una compulsión automática a ser fieles a una decisión que ya hemos tomado en el pasado. El mecanismo lo puso en marcha una ONG al decidir pedir fondos abriendo la conversación con esta pregunta: «¿Cómo está usted esta noche?». Cuando las personas respondían que se encontraban bien, luego les era más difícil negarse a hacer una donación cuando habían admitido antes que su situación era buena.

Aunque, de forma inconsciente, este principio se ha utilizado también incontables veces a la hora de conquistar a una mujer: es el viejo truco de pedir un beso en la mejilla para luego, yendo un paso más allá y en coherencia con esa primera concesión, conseguir el beso final. Muchos negocios aplican este principio para ir ganando adeptos poco a poco: primero con pequeñas peticiones que van aumentando progresivamente el grado de compromiso hasta llegar a la venta.

3. El principio de prueba social

Tendemos a confiar más en lo que es más popular o en lo que está respaldado por personas en las que confiamos. Por eso, los *influencers* tienen tanto éxito hoy en día: es más probable que consumamos un producto o servicio o que realicemos un comportamiento determinado si detrás hay alguien que nos inspira seguridad. Hay tres tipos de prueba social:

- La influencia de expertos: tienen más impacto las palabras de alguien percibido como especialista en un rubro.
- La influencia de personas famosas: como Angelina Jolie, Messi o Shakira, que fueron embajadores de UNICEF.
- La influencia de los usuarios: de ahí la importancia de los testimonios en nuestras plataformas de comunicación.

4. El principio de agrado

Este principio señala que atendemos en mayor medida las demandas de aquellas personas que nos gustan más. Y es porque, por alguna razón, suelen tener más credibilidad para nosotros y confiamos más en ellas. Quienes nos agradan tienen mucha influencia en nosotros. ¿Qué factores generan más agrado?

Hacer cumplidos. Cuando alguien nos halaga nos sentimos atraídos por esa persona.

Similitud. Nos gustan más las personas que se parecen a nosotros en costumbres, apariencia, orígenes o aficiones. Hay quienes lo saben e imitan el modo de vestir, las posturas o la manera de hablar que percibe en el entorno.

Cooperación. Compartir objetivos o mostrar la voluntad de cooperar despierta agrado. También si su lenguaje corporal se muestra más amigable y abierto y menos confrontativo.

Asociación positiva. Nos disgustan aquellas personas que tienen emociones tristes o desagradables, y las que son portadoras de malas noticias. Cuando somos agradables y positivos tenemos más opciones de agradar al resto.

Atractivo físico. Nos complace lo atractivo, lo bello o armónico Este factor está explotado por las marcas que, por ejemplo, utilizan la imagen de mujeres —el calendario Pirelli— o que cuidan al máximo la estética de su web y sus productos —Apple—. En las interacciones sociales las personas más guapas se ven favorecidas también por el «Efecto Halo», que se produce cuando los demás le presuponen más cualidades —coraje, ingenio, competitividad…— solo por su belleza física.

Cercanía. Este aspecto indica que nos gustan más aquellas personas que percibimos como más familiares o cercanas, por eso es importante decidir qué tono elegimos para nuestras comunicaciones. También suelen atraernos quienes tienen nombres conocidos o aquellos que nos recuerdan a otras personas de nuestra vida.

5. El principio de autoridad

Seguimos a personas expertas o símbolos de autoridad para que nos guíen en nuestra toma de decisiones. ¿Por qué? Los seres humanos somos prácticos por naturaleza: de este modo evitamos investigar, ya que alguien lo ha hecho antes por nosotros. Por eso se usan con frecuencia frases como «Dicen los científicos», «Según una investigación» o «Científicamente probado». También nos afectan cuestiones como los títulos académicos, los éxitos profesionales o personales, la ropa o los accesorios que demuestran estatus o autoridad.

Y esta percepción de nuestro cerebro actúa veloz: hay estudios psicológicos que demuestran que solo tardamos la décima parte de un segundo (0,1) en formarnos la primera impresión de una persona, y otras investigaciones muestran que la mitad de este tiempo (0,05) es lo que tarda un usuario en evaluar una web.

6. El principio de escasez

A las personas nos atraen los objetos exclusivos o difíciles de encontrar, porque suponemos que suelen tener más calidad que aquellas que están más disponibles. Por este motivo las marcas usan este principio dando un sentido de urgencia o de distinción a sus promociones: «Hasta agotar existencias», «Edición limitada», «Solo para diez personas». Y también en eventos únicos, como congresos o festivales, o para difundir un concurso. Hace poco me inscribí en un taller, pero antes envié un correo electrónico para hacer una consulta sobre los horarios. Al responder, la persona incluyó una posdata entre paréntesis que reproduzco textualmente: «Ana Claudia, te aconsejo confirmarnos tu cupo pronto porque son apenas 10 alumnos». Hice la reserva en menos de un minuto.

Estos seis principios de la persuasión de Cialdini son muy poderosos, porque esquivan nuestras mentes racionales y apelan directamente a nuestros instintos más primarios e inconscientes. Pero, a pesar de la indiscutible efectividad que pueden llegar a tener en nuestras comunicaciones, no hay que olvidar que, en última instancia, el factor más decisivo para el éxito de una marca es la calidad del producto o del servicio que ofrecemos.

RESUMEN

En este capítulo hemos visto el reverso de la comunicación, indagando en dos cuestiones indirectas que pueden ser grandes aliadas a la hora de manejar nuestros mensajes de manera más eficaz. Por un lado, la gestión de nuestras horas y cómo reforzarla a partir del descubrimiento de nuestro perfil —improvisador, concentrado, difuso o postegador—; de las propuestas de simplicidad de Babauta y de las claves para planificar a corto, medio y largo plazo.

Por último, con los seis principios de la persuasión, hemos podido averiguar cómo mejorar el impacto de nuestro mensaje a través de la compresión de los mecanismos inconscientes a la hora de comunicarnos.

Si aprendemos a *hackear* nuestro tiempo para manejar nuestras comunicaciones y sabemos utilizar nuestros mecanismos internos a la hora de hablarle al mundo, será mucho más fácil implementar las acciones de mejora convencionales y lograr nuestros objetivos.

TU CUERPO HABLA: ENTRENAMIENTO ADAPTADO A TU ESTILO DE VIDA PARA VIVIR Y COMUNICAR MEJOR

Ana Rivas
Entrenadora personal e instructora de Pilates
www.respirapilates.com

¿Has pensado alguna vez todo lo que transmite tu cuerpo sin necesidad de las palabras? Cuando mis alumnos entran por la puerta, listos para su clase de Pilates, solo viéndolos caminar ya puedo adivinar si han tenido un buen día, si llegan estresados, cansados o si tienen dolor. Seguro que tú también puedes intuir aspectos de la personalidad y estados de ánimo de una persona a simple vista, ¿verdad? Y es que, aunque tratemos de camuflarnos, nuestro cuerpo grita.

Mi nombre es Ana Rivas, soy licenciada en ciencias del deporte y entrenadora personal de Pilates. Actualmente dirijo Respira Pilates, un gimnasio online pensado para inspirarte a cuidar de tu salud. Sin sufrir, ni entrenar durante horas, todo lo contrario. A través de ejercicios sencillos, agradables y efectivos que puedes hacer desde tu casa con solo unos minutos al día. En este capítulo, quiero contarte cómo un entrenamiento que se adapte a tus gustos y ritmo de vida, mejora no solo tu forma física, sino también tu creatividad, capacidad de toma de decisiones o tus habilidades comunicativas, además de otros muchos beneficios que te iré revelando.

¿QUÉ DICE TU CUERPO DE TI?

Varias investigaciones han llegado a la misma conclusión: la parte verbal tan solo constituye el 7 % del significado de nuestra comunicación, mientras que el 38 % lo otorga el tono, volumen y entonación. El 55 % restante forma parte del lenguaje corporal. Así que, cuando hablas, transmites más con tu cuerpo que con tus palabras. De hecho, incluso tu postura, habla por sí sola. Pero ¿eres consciente de lo que transmiten tu postura y tus gestos? ¿Prestas atención a lo que dices con tus palabras y en cambio te has olvidado de tu cuerpo?

La mayoría de las personas vive desconectada de su cuerpo. Únicamente se hace consciente de él y le presta atención cuando este grita en señal de alarma. Y optan por la vía más sencilla: tomarse una pastilla y continuar con su vida sedentaria, sin parar a escuchar qué sucede en su propio cuerpo. Pasar largas horas sentados, moviéndonos poco y siempre de la misma manera, crea desequilibrios y alteraciones posturales, volviendo nuestro cuerpo rígido y perdiendo la expresividad y espontaneidad natural de nuestros movimientos.

Tomar conciencia de tu cuerpo y cuidarlo es una de las estrategias más efectivas para mejorar la imagen que proyectas, la capacidad para expresar y, por supuesto, tu salud y energía. Y cuando hablo de cuidarte, no me refiero a que te machaques en el gimnasio durante horas. Quiero contarte, entre otras cosas, cómo diseñar un plan de ejercicio que se adapte a ti, a tu personalidad y ritmo de vida, porque esta es la manera de que el ejercicio forme parte de tu estilo de vida.

COMUNICACIÓN NO VERBAL A TRAVÉS DE LA POSTURA

Piensa en una persona que se siente triste. ¿Cómo es su postura? Seguramente la imaginas encorvada, con los hombros enrollados hacia delante y la mirada baja. Ahora, visualiza a ese atleta que acaba de ganar una carrera. Cruza la línea de meta con sus brazos abiertos en señal de victoria, su pecho adelantado y la cabeza alta. Sería extraño ver a una persona apenada y en una postura de éxito, ¿verdad? Nuestro cuerpo es como plastilina. Se amolda a las situaciones, a las vivencias que tenemos, a las emociones que sentimos y también a nuestra propia personalidad. Por eso, tu postura es una gran carta de presentación y forma parte del lenguaje no verbal.

CUERPO Y EMOCIÓN

El cuerpo tiene la capacidad de adaptarse y expresar diferentes estados de ánimo y emociones: confianza, seguridad, alegría, miedo, tristeza, sorpresa, calma, desprecio, ira… Sin embargo, cuando se vuelve tenso y rígido, en gran parte por la falta de actividad física, pierde esta adaptabilidad y te encierra en una única actitud, que es la que proyectas allá donde vas sin que, probablemente, te des cuenta.

Cuanto más rígida sea la personalidad de una persona, más clara se ve la huella que las experiencias y emociones han dejado en su cuerpo con el paso de los años. Por el contrario, cuando los músculos están relajados y libres de tensión, las posibilidades de movimiento se multiplican, ganas expresividad y puedes cambiar de una actitud a otra libremente, como si fueses un gran actor. Cuando te presentas, la postura y el lenguaje corporal pueden ayudarte a transmitir e inspirar confianza o, por el contrario, despertar dudas. En una reunión con tu equipo de trabajo, tu cuerpo puede transmitir tranquilidad a quienes te rodean o alarmarles. Como ves, tu postura no solo refleja cómo te sientes, también despierta emociones en las personas de tu entorno.

LAS SIETE ACTITUDES POSTURALES Y SU RELACIÓN CON LA PERSONALIDAD

El método GDS de cadenas musculares, desarrollado en los años 60 por la fisioterapeuta y osteópata belga Godelieve Denys-Struyf[16],

---

[16] *Cadenas musculares y articulares*. Método GDS. Autor: Philippe Campignion, Editorial Reviews, 2001

describe siete actitudes posturales y su relación con la personalidad. Emociones, sentimientos, vivencias y manera de ser impregnan nuestros gestos y nuestra postura. Es el lenguaje hablado del cuerpo.

Esto es posible gracias a las familias de músculos que trabajan juntos, transfiriendo las tensiones a las que están sometidos de unos a otros en forma de cadena. Cuando hay un exceso de tensión que se prolonga en el tiempo, estas familias de músculos se vuelven rígidas, alteran la postura y dejan huellas grabadas en nuestro cuerpo: nos encierran en una única actitud. Estas son las siete actitudes posturales que describe Godelieve:

EL EXTROVERTIDO

Son personas a las que les gusta hablar con todos, salir de fiesta o reunirse. Tienen la necesidad de expresarse y les gusta llamar la atención. Pero pueden dispersarse fácilmente porque quieren estar en todo. En el exceso suelen ser escandalosas, les cuesta controlar la ira y aceptar las normas.

A nivel físico, es la típica persona que camina con los brazos y las piernas separadas y en rotación externa, al estilo *cowboy*. Mantiene la pelvis proyectada hacia delante, los pies son planos; el tórax y los hombros son anchos y el cuello es corto. Siempre tienen calor. Acumulan tensión en la zona lumbar, tienen poca flexibilidad en la cadera y les cuesta sentarse erguidos. Este es el terreno que propicia lumbalgias y hernias discales, además de un encorvamiento de la espalda y tensión en el trapecio.

EL INTROVERTIDO

Se mantiene en una actitud de reserva. Suelen ser personas introvertidas y calladas cuando no tienen confianza, pero que no paran de hablar si se sienten cómodas. Se agobian ante un pequeño problema. Suelen guardarse lo que piensan hasta que ya no pueden más y, de repente, explotan. Son personas ordenadas, perfeccionistas y detallistas. Analizan todo mucho, pero les cuesta pasar a la acción.

Físicamente lo que más destaca es el enrollamiento de los hombros hacia delante. Son personas de talle estrecho y con la cintura marcada. Sus rodillas miran hacia dentro. Tiene una cabellera abundante. Sus manos están frías, de hecho, es una persona friolera. Una tensión excesiva en estas personas puede generar problemas de circulación sanguínea, sensación de que se duermen las extremidades, sobre todo las manos; hiperpresión abdominal, incontinencia urinaria y estreñimiento. Puede provocar asma y cólicos biliares.

EL CEREBRAL

Necesita ser útil y estar en acción constante, siempre piensa en el futuro. Es una persona muy mental, con expectativas altas y competitiva, aunque también desprendida y generosa. Tiene mucha energía. Quiere descubrir cosas nuevas constantemente, pero cuando ha conseguido su objetivo pierde interés. Es reflexiva, con una gran capacidad de concentración y de trabajo. Sin embargo, teme perder el control de las situaciones y cuando entra en el exceso trata de conseguir este control a través del poder y la dominación.

A nivel físico, piensa en un coronel: echado hacia delante, con el pecho hacia fuera y la barbilla elevada. Suelen tener barriguita, una excesiva curvatura lumbar y las rodillas bloqueadas hacia atrás. Los pies tienen un arco marcado y los dedos en garra. Este es el terreno para los problemas cardiacos y respiratorios y la artrosis en la columna, pero como tienen muy poca conciencia corporal casi nunca sienten dolor.

EL AFECTIVO

Tiene la necesidad de ser amado para encontrar su seguridad. Encajaría en el arquetipo de la madre, ya que representa el amor y la seguridad en sí misma. Son personas tiernas, les gusta cuidar a las personas o de su jardín. Defienden las tradiciones. Son personas con las sensaciones muy despiertas, les gusta el contacto físico, los masajes, el calor. Prefieren el sentir ante el intelecto... y pueden ser un poco hipocondríacas. En el exceso se vuelven egoístas, posesivas, materialistas, inseguras, con un sentimiento constante de angustia que tiende a la depresión. Se estanca en el pasado y le cuesta avanzar.

Físicamente suelen estar encorvadas, con los hombros caídos y el pecho hundido. La zona cervical también puede estar enrollada hacia delante y el mentón hundido cuando hay mucha tensión. La pelvis adelantada y el vientre abultado por debajo del ombligo. Las rodillas están flexionadas y se quieren juntar una a la otra. Este es el terreno predispuesto para la artrosis de rodilla, el valgo de rodilla y los juanetes. Incontinencia urinaria, artrosis y hernias lumbares. También hernias de hiato y problemas para tragar.

EL RECEPTIVO

Quiere ser único y diferente y está en una búsqueda constante de un ideal. El cuerpo deja de importarles porque se centran solo en su ideal, que puede ser la política, la religión o el arte. Son personas intuitivas, muy receptivas y sensibles ante lo que sucede en el exterior. Tienden a la espiritualidad y son creativas. Tienen un gran sentido de la justicia y, por tanto, cuando entran en el exceso se indignan con las cosas que no ocurren tal y como ellas consideran que deberían ser. Se vuelven intolerantes y altivas. En realidad, se siente superior a los demás.

A nivel físico son personas con la espalda plana y una actitud muy erguida y, además, de manera permanente, por lo que acaban teniendo mucha tensión en la zona del cuello. Necesitan trabajar su cuerpo y hacerse conscientes de él, porque si se meten demasiado en sí mismas pueden llegar a «descorporalizarse» y se vuelven patosas.

EL IMPULSIVO

Necesitan reafirmarse a sí mismas. Quieren ser diferentes, al igual que el receptivo, pero además quieren que se note. Así que se tatúan, se tiñen el pelo de colores llamativos, o se hacen misioneros. Van a los extremos. Son personas reactivas, impulsivas, y se irritan fácilmente. No se callan ante una crítica ni les asustan los enfrentamientos. Así que no les importa transgredir las normas u organizar manifestaciones para reivindicar sus ideas.

Físicamente tienen el cuello hipererguido, pero en la espalda sí presentan curvatura, sobre todo a nivel lumbar. Sus rodillas están en hiperextensión y los cuádriceps muy tensos. La zona abdominal está distendida, pero tensa.

EL EMOTIVO

Son la chispa de la vida, el niño que juega, la alegría y el sentido del humor. Son buenos diplomáticos. Se adaptan con facilidad a cualquier situación, aunque esto también puede hacer que pasen de un estado de ánimo al opuesto en segundos; o que se conviertan en personas influenciables. Necesitan tener siempre un sueño que perseguir, si no, se desmotivan y caen en la apatía. En el exceso se sienten desmotivados, les da igual una cosa que otra porque no les llena nada. Se vuelven irresponsables.

Físicamente es una persona desgarbada, con los músculos relajados y los ligamentos laxos. Le cuesta mantener una postura erguida y se cansa rápido. Su cabeza y su pelvis está proyectada hacia delante, generando una figura desalineada. Pueden tener problemas de ligamentos.

Ahora que conoces las siete tipologías corporales, ¿te identificas con alguna?

Ten en cuenta que no todo es blanco o negro. Todos pasamos por todas las actitudes, solo que unas prevalecen y son las que dejan esas huellas. También es frecuente que haya una mezcla de dos, o que, aunque tu tipología de base sea una, en la sociedad te muevas haciendo uso de otra. De hecho, la sociedad nos impulsa hacia la posición del cerebral, en la que debemos hacer y hacer cosas sin parar. Por ello es importante parar y analizar. Cada cadena tiene un trabajo corporal y personal que hacer.

CÓMO TU POSTURA INFLUYE EN EL ESTADO DE ÁNIMO

Parece evidente que el estado de ánimo influye en nuestro cuerpo y postura. Sin embargo, ¡también sucede a la inversa! Paul Ekman, profesor de psiquiatría de la Universidad de California, estudió cómo nuestra postura y expresión afecta a cómo nos sentimos y a las emociones que experimentamos. Por ejemplo, fruncir el ceño aumenta la secreción de las hormonas del estrés, mientras que sonreír aumenta la liberación de endorfinas.

Amy Cuddy, psicóloga social, descubrió que nuestra postura influye en cómo nos ven los demás, pero también en cómo nos sentimos y nos vemos a nosotros mismos. En sus estudios demostró que adoptar una posición de poder y éxito durante dos minutos, nos hace sentir más seguros y confiados y reduce los niveles de estrés. Así que, la próxima vez que te sientas inseguro o triste, ¡cambia tu postura! Merece la pena probarlo, ¿no crees?

ESTÁS ENTRENANDO TU CUERPO CADA DÍA, AUNQUE NO LO SEPAS

Hoy día, el movimiento no es necesario. Nuestros antepasados necesitaban moverse para conseguir comida, pero nosotros no necesitamos movernos para sobrevivir. De hecho, hemos construido un entorno tremendamente cómodo que nos libera de casi cualquier esfuerzo físico. Pasamos la mayor parte del tiempo sentados, nos movemos poco y siempre de la misma manera.

Al igual que ir al gimnasio cada día crea cambios y adaptaciones en nuestro cuerpo, pasar todo el día sentados también lo hace. ¿Lo habías pensado? Tu cuerpo se vuelve hábil para aquellos movimientos que repites y torpe y rígido para aquellos que no entrenas. Mientras que unos músculos están tensos, otros se debilitan por la falta de activación. Y estos desequilibrios musculares van dando forma a tu postura, limitando tu espontaneidad y capacidad expresiva. Probablemente no te cueste ningún esfuerzo pasar horas sentado. Pero observa a los niños: es un castigo obligarles a permanecer quietos.

En cambio, quizás sientas que vas perdiendo movilidad en tus hombros, que tu columna se vuelve rígida y te falta flexibilidad. Y si esto viene acompañado de dolor de espalda o incluso falta de energía que afecta a tu productividad y creatividad… ¡Enhorabuena, tu entrenamiento diario está dando sus frutos! Somos el reflejo de nuestros hábitos.

Una manera sencilla de empezar a cambiar esto es introducir más variedad de movimientos a lo largo del día. Estas son algunas ideas:

- Camina, camina, camina. ¡Ah, y sube las escaleras a pie!
- Levántate de la silla de manera frecuente, al menos una vez cada hora.
- Realiza algunas tareas de pie o caminando, por ejemplo, hablar por teléfono o las reuniones de trabajo —seguro que así no se alargan indefinidamente—.
- Haz estiramientos en tu silla de trabajo.
- Siéntate en el suelo unos minutos al día mientras lees o tomas un café.

CONSTRUYENDO UN PLAN DE ACCIÓN

Estás decidido a ponerte en forma. Ya sabes que practicar ejercicio tiene un impacto positivo sobre tu salud física y mental, productividad y habilidades de comunicación. Ahora es el momento de elegir un programa de entrenamiento que se centre en ti, que tenga en cuenta tus gustos, personalidad y ritmo de vida.

Como emprendedora, sé por experiencia propia lo que es que tu proyecto te absorba. Tienes tantas ganas e ilusión que puedes pasarte horas sin darte cuenta frente al ordenador, olvidándote de comer, descansar o dormir. Pensar que es solo una etapa, que cuando termines este proyecto tendrás más tiempo, es un error. Los dos sabemos que siempre aparecerá algo urgente y que la lista de tareas por hacer nunca acaba. Y más, con esa cabeza que dispara ideas sin parar.

¿Piensas que así estás siendo productivo? ¿Cómo vas a rendir al 100 % si tú no estás al 100 %? El rendimiento no es solo mental, tu cuerpo lo dispara o lo frena. Cuando haces ejercicio, el cerebro recibe más alimento en forma de oxígeno y glucosa; se generan nuevas conexiones neuronales y se liberan sustancias químicas como endorfinas, serotonina o adrenalina, que benefician el rendimiento intelectual. Mejora la concentración, memoria, creatividad, capacidad de toma de decisiones y resolución de problemas. Además de elevar el estado de ánimo, reducir el estrés, eliminar el dolor y mejorar la salud cardiovascular. ¡Entre otros muchos beneficios!

A mí sigue sorprendiéndome el brutal impacto que una sola acción, al alcance de nuestras manos, puede tener en nuestras vidas. Como dice Alejandro Lucía, uno de los investigadores españoles más prestigiosos en fisiología del ejercicio: «La verdadera píldora para todo es el ejercicio».

POR QUÉ ES UNA MALA IDEA SEGUIR LAS MODAS Y AL GURÚ DEL MOMENTO

La industria del *fitness* está de moda. No paran de surgir nuevas máquinas, métodos y actividades. La mayoría de las veces es lo mismo de siempre, solo que con otro nombre más comercial, acompañados de la ropa y accesorios que necesitas para practicar. También están los suplementos nutricionales en forma de barritas y batidos, que moldearán tu cuerpo de una vez por todas. Los modelos sonríen y parecen conseguir esos cuerpos perfectos sin una gota de sudor. No nos cuentan el camino real que hay detrás, creándonos unas expectativas falsas de lo que podemos conseguir si nos compramos el nuevo aparato, comemos barritas de proteínas o nos entrenamos como el famoso de turno.

A la hora de iniciar un programa de ejercicio, dejarnos llevar por las modas no solo es un error, también es una de las principales causas de que abandones la práctica deportiva a corto plazo. Queremos imitar a nuestros amigos o a los gurús del ejercicio para conseguir sus resultados. Pero esto no funciona así. Por mucho que te informes sobre el tipo de entrenamiento que lleva o los suplementos nutricionales que toma, estarás siguiendo una rutina que fue diseñada para esa persona en concreto, no para ti.

Somos diferentes y, por tanto, ante los mismos estímulos respondemos de manera diferente. Nuestros metabolismos, niveles hormonales, biotipo, experiencia previa, lesiones anteriores, estilo de vida, carácter, todo ello influye y hará que no solo no consigas los mismos resultados, si no que puede perjudicarte. Céntrate en ti, experimenta en base a tus gustos, personalidad, condiciones de vida, experiencia previa, historial médico y lesiones anteriores.

TRES CLAVES PARA INCLUIR EL EJERCICIO EN TU ESTILO DE VIDA DE MANERA DEFINITIVA

Te propongo tres sencillos pasos para lograr que el ejercicio físico forme parte de tu estilo de vida y se convierta en un hábito duradero. El camino que te llevará a transformar tu cuerpo y, además, DISFRUTAR del proceso.

1. ELIGE ALGO QUE TE GUSTE

Si realmente quieres que practicar ejercicio forme parte de tu vida, necesitas realizar una actividad que te guste, que te haga sentir bien y que disfrutes. A pesar de haber estudiado ciencias del deporte y ser entrenadora personal, tuve grandes luchas internas con el mundo del *fitness*. Las formas clásicas de entrenar como salir a correr o levantar pesos en el gimnasio me aburrían. Y aunque me forzaba a ello, terminaba siendo una carga que no disfrutaba. Así, es complicado engancharse. Me preguntaba «¿Esta es la única manera de ponerse en forma?». Empecé a diseñar mis propios entrenamientos: probé mil y una actividades y, finalmente, descubrí Pilates. El método que realmente consiguió atraparme y mantiene mi cuerpo fuerte y ágil, sin dolor de espalda. Lo pasaba tan bien en las clases que no notaba cansancio o esfuerzo. Desconectaba del todo, centrándome en cada nuevo reto. Estaba deseando que llegase el momento de ir a mi clase de Pilates. Por eso te digo: ¡Busca hasta que encuentres algo que te guste! También te recomiendo que te hagas estas preguntas:

1.   ¿Para qué quieres hacer ejercicio? Es importante que tengas claro qué quieres conseguir a la hora de elegir actividad. De ello dependerán los resultados que logres. Define y detalla lo máximo posible tu objetivo principal. ¿Buscas mejorar tu salud, tu estética, conseguir claridad y calma mental, socializar…? Cualquier objetivo es válido, sé sincero contigo mismo. Recuerda que trabajar con un entrenador personal te ayudará a definir exactamente qué tipo de ejercicios elegir para mejorar tu forma física de forma segura.

2.   ¿Qué tipo de actividades encajan con tu personalidad? ¿Prefieres relajarte en una sesión de yoga o descargar tensión boxeando? ¿Prefieres entrenar solo o buscas socializar? Quizás tu mejor opción sea hacerte unos largos en la piscina, o te atraiga más apuntarte a un torneo de pádel.

3.   ¿Cuáles son tus *hobbies* o intereses? ¿Puedes relacionarlos de alguna manera con el ejercicio físico? ¿Te gusta la música, la naturaleza, estar al aire libre o en interiores? Ya sea salir de ruta con tus amigos los fines de semana, organizar reuniones en la pista de golf o pedalear al ritmo de la música en tu casa.

La oferta deportiva y lúdica hoy en día es inmensa y seguro que alguna encaja contigo. Busca algo que te guste hacer, sé constante y los resultados llegarán.

2. EMPIEZA POCO A POCO

Por favor, quítate de la cabeza la cultura del *no pain, no gain* que ha dominado en el mundo del *fitness* y nos ha hecho creer que si no sufres, no sirve. Todo lo contrario: el ejercicio no debe agotarte, debe llenarte de energía, debe adaptarse a ti y a tu capacidad de esfuerzo. Así que empieza con ejercicios sencillos y ve aumentando gradualmente la intensidad y tiempo de entrenamiento a medida que te vas adaptando al entrenamiento.

Si te cuesta introducir hábitos saludables en tu vida diaria, te presento los *minihábitos*. Un minihábito es un comportamiento muy pequeño que realizas de manera rutinaria. Es una manera de introducir pequeños cambios en tu rutina de manera fácil, que te hacen empezar a ver resultados y te motivan a querer ir más allá. Y mi propuesta es que empieces realizando tan solo 15 minutos de ejercicio al día.

Sí, solo 15 minutos. Requiere poco tiempo, esfuerzo y energía, es sencillo de incluir en tu agenda y, probablemente, muchos días excederás este objetivo, con lo que aumentará tu satisfacción. Y lo mejor: 15 minutos al día de ejercicio son suficientes para mejorar tu forma física.

3. AGÉNDALO

Lo que no está en tu agenda no existe. Es fácil dejarse llevar por las urgencias, tareas pendientes, llamadas telefónicas y necesidades de los demás y acabar el día sin haber dedicado un momento para cuidarte. Planifica tus prioridades del día cada mañana o la noche anterior y reserva esos 15 minutos para hacer algo de ejercicio, aunque sean algunos ejercicios de fuerza y estiramientos en tu silla de trabajo. Si está programado, será más fácil organizar las tareas que surjan a lo largo del día y respetar tu sesión de ejercicio. Además, tu mente estará más predispuesta a entrenar y no buscará tantas excusas.

Puedes elegir este horario en función de tus compromisos laborales, de tu vida familiar o de tus propios ritmos biológicos. Es decir, del momento en el que tienes más energía para hacer ejercicio, o del momento en el que te sienta mejor. Quizás necesitas entrenar por las mañanas para activarte, o por las noches para desconectar y terminar el día relajado... o prefieres el mediodía, para aprovechar el hueco de la comida. Tener en cuenta todos estos factores facilita adquirir este hábito, ya que sentirás que se adapta a tu estilo de vida y no al revés.

A veces, buscamos salidas complicadas teniendo la solución delante de nosotros. En este caso, ni siquiera está delante. Está en nosotros. Cuidarnos y prestar atención a nuestro cuerpo, solo unos minutos al día, puede ser la pieza que faltaba y haga que todo encaje, que armonice cuerpo y mente para transmitir, comunicar e inspirar con tu mensaje.

RESULTADOS, COMUNICACIÓN Y CONSCIENCIA PARA UNA VIDA PRÓSPERA Y PLENA

Beatriz Blasco
Mentora de negocios digitales, conferenciante y creadora del método productividad consciente
www.beatrizblasco.com

¡Comunicación! Seguro que a lo largo de los distintos capítulos vas descubriendo la amalgama de pigmentos que se hayan ocultos tras una palabra como comunicación. Presente en todas las áreas y ámbitos que puedas imaginarte. Eslabón que une lo interno con lo externo. A nosotros, tú y yo. La comunicación es la base sobre la que se sustenta un cuadro colorido, lleno de texturas y matices. La vida misma.

¿Por qué me apasiona tanto la comunicación? Tengo que contarte que aprendí a hablar de forma muy clara cuando apenas tenía 14 meses. No así mis hermanos, a los que traducía lo que les decían a los mayores. Así que desde pequeña he tenido facilidad para la expresión oral, para utilizar la comunicación para debatir, mantener una postura, preguntar… Pero cuando yo era niña no estaba bien visto que los niños opinasen. Así que la típica frase que me repetían mis abuelos y mis padres: ver, oír y callar, caló hondo en mí. Por esto, unido a unas cuantas experiencias más, pensé que no era bueno expresarse y que era mejor no opinar y no preguntar. Así no molestabas.

Ha sido desde hace unos años, cuando comencé un proceso de crecimiento interior, que he vuelto a conectar con un talento que tenía dormido: mi capacidad para comunicarme de forma respetuosa.

Desde el año 2012 no he dejado de desarrollar esta capacidad con formación y acción.

Sin embargo, en este capítulo no vengo a contarte como hablar en público, sino cómo hablar con tu interior de forma adecuada para conseguir resultados y elevar tu productividad personal. Actualmente tengo un negocio digital en el que ayudo a los dueños de negocio a hacer un cambio de mentalidad e implementar estrategias de negocio para que tengan un negocio alineado con sus valores y su esencia.

En 2016 publique mi primer libro *Productividad Personal Consciente*[17], para compartir que existe una forma totalmente diferente de hacer. Hacer con foco, en coherencia con el interior y desde la calma; cómo primero SER, para después HACER y, finalmente, TENER con una metodología estructurada en cinco pasos.

Para empezar a desgranar lo que quiero contarte sobre la comunicación y los resultados que obtienes en tu vida, en todas y cada una de las áreas en las que podemos trocear el todo para comprenderlo mejor, necesito reflexionar contigo sobre el origen etimológico de la palabra *comunicación*. ¿Lo conoces?

En los orígenes de la palabra encontramos claves y matices que nos ayudan a comprender de una manera más profunda el ingrediente fundamental en nuestros resultados y productividad personal: la comunicación. La palabra deriva del latín *communicare*, que significa «compartir algo». Por lo tanto, la comunicación es un fenómeno inherente a la relación que los seres vivos mantienen tanto a nivel externo — con otras personas, la naturaleza, objetos…—, es decir, lo visible, como con ellas mismas a nivel interno, es decir, lo invisible.

También tiene otro origen: *comunis*, que significa «común», «poner en común», de ahí que, a través de la comunicación, se trasmitan ideas y pensamientos para poner un punto de encuentro con el otro. Comunicación es la acción de comunicar, por lo tanto, la acción de compartir, expresar y conectar. Así que la comunicación no son solo las palabras escritas o dichas. Es mucho más. Comunicamos con

---

[17]   *Productividad Personal Consciente*, Beatriz Blasco. Amazon, 2016

nuestra voz, respiración, movimientos corporales, expresiones artísticas... Internamente nos comunicamos, establecemos un vínculo con el campo de las infinitas posibilidades —lo invisible a nuestros ojos— a través de imágenes, símbolos, palabras y sensaciones.

La comunicación es un apasionante mundo que nos permite conectarlo absolutamente todo. Es la expresión de la creación en nuestro día a día. También pone los límites a tu mundo interno, que posteriormente se expresa y se manifiesta en tu mundo externo.

LA COMUNICACIÓN INTERNA: CÓMO FUNCIONA TU MENTE

Tu mente se comunica contigo y tu mundo externo a través de imágenes y palabras. En base a esta representación interna sientes una emoción y vives con un estado emocional y mental determinado. Tu estado produce unos resultados u otros en tu día a día. Por eso, de forma simplificada, te diría que para hacer cambios duraderos en tu vida, para transformarla, necesitas hacer cambios en tu estado. Cuida de tu estado en tu día a día.

¿Y cómo se hace eso? Puedes estar preguntándote. La respuesta, para mí, es sencilla y la resumo con una palabra: auto… autoconocimiento, autoobservación, autodisciplina, autoindagación… Nada sucede fuera de ti, todo está cocinándose a fuego lento en tu interior. En cada una de tus células. El 95 % de tus pensamientos diarios son inconscientes. Los estudios nos hablan de que tenemos entre 60.000 y 65.000 pensamientos diariamente. Es decir: tienes un diálogo interior que, de forma inconsciente, está manejando tu estado e influye directamente en tus resultados. Por eso, la comunicación interna que mantienes contigo mismo es tan determinante en tu comportamiento y tu acción diaria. Ese diálogo puede hacer que estés disperso, agotado, que procrastines y no pases a la acción para caminar en la dirección que tu corazón grita y en muchas ocasiones no escuchas.

La función de tu mente —una parte de ella— es la de protegerte y mantenerte a salvo. Se centra en la supervivencia y la seguridad. Quiere que estés en un constante estado de alerta para evitar el dolor y garantizar así tu vida. Hay algo que no puedes perder de vista: tu mente se cree absolutamente todo lo que le dices, y más aún aquello que repites una y otra vez. La mente aprende por repetición. Por lo tanto, si a ti mismo te dices «no tengo tiempo, este atasco es una pérdida de tiempo, es un asco, no consigo acabar nunca lo que propongo, no soy capaz de conseguir metas...», es lo que externamente estarás experimentando: todo lo que te dices y te repites de forma incesante. La mente no entiende la ironía, se lo cree todo siempre, en todo momento. No pone en duda o se cuestiona los mensajes que le estás lanzado. Sorprendente, ¿no? Tal vez ya sabías esto que te estoy contando. Sin embargo, la mayoría de las personas lo pasan por alto una y otra vez. Eligen, de forma consciente o inconsciente, quedarse con sus pensamientos en lugar de cuestionarlos. Mantienen la misma comunicación interna todo el tiempo.

Cambiar la comunicación para transformar los resultados pasa por un cambio radical en la manera en la que te hablas y las imágenes que te representas internamente, para así alcanzar el estado que te permita alcanzar nuevos resultados más alineados con tu intuición. Todo lo que te estoy contando es fácil de entender justo ahora, en este momento. ¿Qué sientes cuando piensas en los problemas que tienes? ¿Qué ocurre si en lugar de problemas los llamas *desafíos* o *retos*? ¿Qué sientes cuando piensas en que algo es difícil para ti, o incluso imposible? ¿Qué sientes cuando piensas que hacer algo es tremendamente aburrido o muy duro?

Si tienes claridad en la dirección que quieres para tu vida, no hay acción dura, pesada o aburrida. Hay acción enfocada, la que puedes realizar en este momento presente. Empiezas a hablarte internamente usando palabras como *elijo, decido, voy a por ello...* No es cuestión de decirte de forma liviana y ligera «Esto es fácil, no me va a costar nada», porque es algo que no te crees y no sientes. Hablo de cambiar tu diálogo interior de forma consciente y con determinación, aplicando todo lo que tiene que ver con autoconocimiento, autoindagación, autoobservación... Las personas altamente exitosas asumen todos los días la responsabilidad sobre sus imágenes mentales y su diálogo interno.

Tu mente tiene tres niveles conectados entre sí y que directamente se influyen: la mente somática, que es tu cuerpo; la mente cognitiva y la mente de campo o campo de las infinitas posibilidades. Las tres mentes te llevan a tu máximo potencial cuando están alineadas. Es decir, cuando lo que piensas, sientes, dices y haces está en coherencia. Tus niveles mentales siempre buscan la coherencia. Si externamente, en tu vida, algún resultado no es como quieres, no te gusta o no lo esperabas así, suelta la queja o la duda de lo que está sucediendo y pon el foco en tu interior, llevando luz a las zonas oscuras de tu mente que desconoces.

Para representar todo lo que estás leyendo, voy a proponerte hacer un ejercicio muy sencillo que pone de manifiesto la relación que hay entre tu diálogo interior —con sus imágenes— y tus resultados. Este ejercicio demuestra que tu mente acepta todo lo que le digas. Tal vez ya lo hayas realizado, pero hacerlo una vez más te enseñará la importancia de tu comunicación interna a la hora de obtener unos resultados externos u otros.

Pon tu brazo derecho frente a ti, extendido a la altura del hombro. Ahora gira tu brazo hacia la derecha y hacia atrás. Gira todo lo que puedas y observa con tu ojo hasta donde llegas. Bien. Vuelve al frente. Ahora cierra los ojos y mantenlos así. Internamente le dirás a tu brazo que vaya más allá. Tu mente hace lo que tú le dices. Así que, con los ojos cerrados, quiero que le digas a tu mente: «Cuando repita este ejercicio, mi brazo irá mucho más allá. Se moverá más porque yo lo digo». Abre los ojos y gira el brazo hacia la derecha y hacia atrás. Comprueba ahora hasta dónde ha llegado. ¿Ha aumentado el giro? Sorprendente, ¿verdad?

Y ahora, imagina que todos los músculos de este brazo son de goma. Tu brazo y tus articulaciones son superflexibles. Eres como un atleta. Eres como una gimnasta. Imagina tu brazo yendo más lejos, como si tuvieras superpoderes. Dile a tu brazo: «Irás aún más allá». Abre los ojos, apunta el brazo hacia afuera y observa cómo gira más. Hazlo de nuevo, diciéndole a tu brazo que irás más allá. Irás más allá. ¿Qué sucede? Seguro que estás pensado que es incréble, pero lo cierto es que estás siendo testigo de la relación directa que existen entre tus distintos niveles mentales comprobando así que aquello que le dices a tu mente se lo cree y no lo cuestiona.

DE QUÉ DEPENDEN LOS RESULTADOS —O TU PRODUCTIVIDAD PERSONAL—

Tus resultados externos son una proyección de lo que está sucediendo internamente en los distintos planos: emocional, mental y espiritual. Se puede concluir que tus resultados son función, principalmente, de tu estado interno y habilidades. Si cambias tu estado interno manteniendo tus habilidades, tu mundo físico, tus resultados, cambian. Así de fácil y así de complicado. Los estados internos son estados de conciencia que llevan asociados unos pensamientos determinados. Y esos pensamientos en tu mente generan una representación interna con imágenes y palabras que, a su vez, generan en ti un estado.

Si tuviéramos que expresar en una fórmula el proceso de obtención de resultados, sería esta: atención, intención, certeza, agradecimiento, acción y desapego. La atención fija una intención, que marca la dirección de los resultados que quieres en tu vida, y después tienes que sentir el estado de certeza y agradecimiento. Hasta aquí, es el proceso sutil, el relacionado con lo que no ves con tus ojos. Después es necesario que pases a la acción y experimentes el desapego del resultado.

La intención se define a nivel mental con una imagen y unas palabras que, a su vez, como ya has leído anteriormente, generan una sensación sentida en tu cuerpo. Todo esto se refleja en tu estado interno. Si únicamente te quedas con la primera parte de la ecuación, no obtendrías resultados porque estos requieren de acción, de movimiento. La acción hace posible que recibas lo que está en el camino, que viene determinado por tus intenciones. Tu atención y tu intención son el inicio de la creación de los resultados.

¿Por qué no obtienes resultados más rápido, si todo es posible y conoces el proceso? La respuesta es sencilla: tu nivel de conciencia. Ese nivel de conciencia es el punto de partida de tus pensamientos y tus acciones. Además, ese nivel de conciencia, en gran medida, está condicionado por tu educación, tu entorno familiar, social y cultural. El condicionamiento es poderoso. La liberación de ese condicionamiento pasa por que te des cuenta de él y lo transformes. Así puedes liberarlo.

Tal vez todo esto te resulte algo complejo de comprender. Simplemente léelo, resúmelo y deja que poco a poco vaya bajando al músculo. Para facilitarte su comprensión, quiero darte ejercicios prácticos que pueden ayudarte, en tu día a día, a obtener los resultados que anhelas y están alineados con tu Ser y tus valores.

LA COMUNICACIÓN QUE APOYA TUS RESULTADOS

En esta parte quiero facilitarte claves concretas que te ayudarán a elevar tu nivel de conciencia gracias al cambio de tu diálogo interno —la manera en la que te comunicas internamente— y con el campo de las infinitas posibilidades.

Del proceso que te he presentado en el apartado anterior, la acción es una parte pequeña, aunque indispensable de la ecuación. Sin acción no hay resultados, pues la acción hace posible que estos se manifiesten. Si utilizo una metáfora, la acción sería la máquina que produce y, por lo tanto, tienes que darle instrucciones y programarla adecuadamente para que se ponga en marcha y fabrique.

Las siguientes claves están enfocadas a que pases a la acción una vez conozcas cuáles son tus intenciones, y puedas manejar tu estado interno con un sólido apoyo.

COMUNICACIÓN CLARA Y CONCRETA

Pasar a la acción para obtener resultados, requiere que internamente tus pensamientos reflejen con claridad y de forma concreta qué acción es la que quieres hacer. Esa concreción se refiere a que la acción pueda ser realizada en el momento presente, de forma inmediata.

Si te has comunicado de forma correcta, en la acción no emergerán dudas sobre cómo hacerlo. Estará claro aquello que tienes que hacer.

Es como dar un paso en el camino. No te lo cuestionas cuando vas caminando, un paso sigue a otro.

Sin embargo, si no hay claridad en el paso que estás dando y hacia dónde te está llevando, es posible que no des el paso y que entres en un estado de parálisis interna. Eso pasa con las acciones. Esa falta de claridad puede venir de la manera en la que te has comunicado contigo mismo, expresando una acción inespecífica y demasiado grande. Es como si te estuvieses pidiendo dar un paso de cinco metros. No encuentras la manera de darlo.

Por eso, en productividad personal se habla de trocear el elefante hasta quedarte con las partes más pequeñas, que son las acciones. Por facilitarte un ejemplo, imagina que quieres tener una web que refleje tu marca personal. Si constantemente te dices «Quiero tener una web, a ver si me pongo con ello». ¿Qué crees que sucede si te comunicas contigo internamente en estos términos? Pues que siempre estarás dejando de lado tomar acción para tener una web que refleje lo que quieres trasmitir.

Sin embargo, si piensas y escribes tu objetivo: «Tener publicada una web que refleje mi marca personal», en tu mente se representará una imagen mucho más concreta de lo que quieres. Si además troceas ese objetivo en partes mucho más pequeñas, te resultará mucho más fácil pasar a la acción. Una de esas acciones puede ser hacer un listado de empresas con las que podrías trabajar. La clave, todo el tiempo, es comunicarte internamente de forma clara y concreta. Pasar a la acción requiere que te expreses de forma específica. Que pienses de forma lineal y lógica. ¿Cuál es la secuencia lógica de acciones en el tiempo? Todo esto te ayuda a pasar a la acción, para no entretenerte en el análisis y el pensamiento.

CAMBIO DE PALABRAS

Nos influyen las palabras que oímos y las que usamos. Tu percepción es afectada por la manera en la que te comunicas contigo y cómo te comunicas internamente influye en tu percepción. Seguro que ya has leído o escuchado que los límites de tu lenguaje son los límites de tu mundo. El lenguaje, las palabras que usas, son el camino que conecta inconsciente y consciente. Por lo tanto, no es posible que las palabras que usas no te influyan. Las palabras tienen su sonoridad y su frecuencia de vibración. Lo que voy a proponerte aquí es el cambio de palabras para que cambie tu representación y tu estado internos. De esta forma, tus resultados serán distintos.

Durante siete días haz la prueba de observar y escribir en una libreta —o documento— la manera en te expresas y te hablas en las situaciones cotidianas que te sacan de tus casillas. Convierte esas palabras e imágenes negativas en pensamientos positivos que puedas decirte cuando estés lidiando con actividades cotidianas, cuando estés relacionándote con otros o enfrentándote a retos.

No estoy hablando aquí del pensamiento positivo sin más. Estoy hablando de que te hagas consciente de como al cambiar palabras cambia tu representación interna. Algunas sugerencias para cambiar una palabra por otra:

- «Problema» por *Reto o Desafío*.
- «No puedo» por *Debería*.
- «Intento» por *Elijo* o *Me pongo con ello*.
- «A ver si…» por *Voy a…*

Haz tus pruebas y observa lo que sucede dentro de ti. Lo cierto es que las personas que usan tiempos verbales enfocados a futuro les resulta más fácil ser productivas y conseguir los resultados que anhelan. ¿Qué tiempos verbales usas predominantemente en tu día a día?

Es importante, eso sí, siempre hacer el enfoque desde y hacia una dirección clara y con desapego. Si solo vives apegado al futuro, es posible que hayas detectado que vives con preocupación, ansiedad y autoexigencia, perdiéndote así tu momento presente.

PROGRAMAS MENTALES QUE APOYAN TUS RESULTADOS

Las personas que alcanzan el éxito interior suelen tener en común una serie de patrones de pensamiento y de acción, que quiero compartir contigo para que haya un cambio en tu comunicación interna y lograr así los resultados que anhelas de forma profunda y sincera.

DECIR QUE NO

Saber decir «no» de forma asertiva, tanto a ti mismo como a los demás, es una gran habilidad de la comunicación. Hacer la distinción mental de a qué dedicas tu tiempo y energía y a qué no, te ayuda indudablemente a mantener el foco. Así evitas la dispersión.

Por condicionamiento social suele costar decir «no». Habitualmente nos han enseñado a complacer a los demás por encima de nuestras propias necesidades. Esto solo produce un efecto: no dar lo mejor de nosotros en cada momento, sino a actuar por conveniencia buscando el respeto o ser querido. Las trampas mentales que nos llevan a decir «sí», casi de una forma compulsiva, diría, son principalmente cinco:

1. Creer que un «no» ahora significa un «no» rotundo para toda la vida.
2. Creer que, si dices «no», estás perdiendo oportunidades.
3. Creer que quedas mal con tu cliente, familiar o compañero de trabajo si dices «no».
4. Creer que una buena atención es estar disponible en todo momento para quien te reclama.
5. Creer que todo tiene que hacerse ya: la trampa de la inmediatez o la urgencia.

A continuación, quiero compartir contigo siete puntos en los que puedes decir «no» para elevar tu productividad de forma consciente. Estos siete puntos requieren que seas honesto contigo y desde la observación sincera. Decir «no» de forma coherente te ayuda a poner foco.

1. No, a abrir el correo a primera hora de la mañana

Ahora, esto a mí me parece obvio. Pero te aseguro que no lo era. Y probablemente para ti, tampoco. Quiero que te hagas las siguientes preguntas: ¿a qué hora abres el email por la mañana? ¿Cuántas veces lo miras al día? ¿Dejas tu bandeja de entrada a cero, es decir, con todos los emails revisados?

Si empiezas el día consultando el correo, comienzas tu día reactivo, respondiendo a las demandas de otros, y pierdes tu foco. No llevas las riendas de tu tiempo. Es una mala costumbre que hemos adquirido por el mal uso que, en general, se hace del email.

Una vez más, una herramienta potente que, mal usada, puede llegar a ser destructiva.

¿Crees que es una locura comenzar abriendo el email después de dos horas de haber trabajado en aquello que es importante para ti? Probablemente haya personas que se han acostumbrado a que respondas los correos a primera hora de la mañana. Si aplicas esta regla clave, acabarán acostumbrándose a que lo haces a partir de cierta hora. Todo lo que aquí estoy contando aplica si tu trabajo no está centrado en la atención al cliente, de forma exclusiva.

Ahora te comparto algunas ideas que pueden hacerte más fácil la gestión del email: Programa tus propios correos electrónicos para que no lleguen a horas en las que no vas a estar en el email para responder. No tienes que contestar de forma inmediata a todos los mensajes que te llegan. No tiene por qué ser descortés no devolver un correo con un simple «gracias». Sé claro, concreto y conciso en el mensaje. Especifica bien lo que quieres.

Indica claramente la hora, lugar, día… que propones a alguien para una reunión, o envía directamente la cita. La típica frase de «Cuándo te vaya bien» lleva asociados unos cuantos correos más. Estás dejando de ser proactivo. Pide que, para las urgencias, si lo son, te avisen por teléfono. Así sabrás que en el correo electrónico no hay urgencias a contestar con inmediatez.

2. No, al trabajo sin descanso

Ser productivo implica tener una gran cantidad de energía focalizada. Es decir, haber descansado lo suficiente, una alimentación sana, respirar conscientemente para coger más aire, hacer ejercicio… No se trata de las horas que estás trabajando, sino de la calidad de tu estado y tu atención en esas horas. Si sientes que no tienes energía, que estás cansado, saturado, agobiado… PARA. No sigas trabajando, estás yendo contra tu propia naturaleza. ¡Di «no» a esforzarte! ¡Descansa! Es más importante descansar que trabajar. Tu mente necesita parar, tu cuerpo moverse y tu alma disfrutar de la libertad.

Es una trampa mental pensar que tienes que seguir trabajando para acabar lo que te habías planificado cuando tu energía es muy baja. Crees que, como continúas trabajando, estás consiguiendo resultados, pero lo que ocurre es que no estás en lo que estás y la poca energía que te queda se está disipando. Sal al aire libre y respira. Despéjate cuando ya no puedas más.

3. No, a la espontaneidad cabalgando a sus anchas

¿Has dicho o has oído alguna vez esto? «Es que me viene una idea y tengo que hacerla, si no se me olvida. Soy muy creativo». Y eso está genial. ¡Es fantástico tener muchas ideas! Sin embargo, muchas de las personas que tienen muchas ideas y se sienten creativas, suelen pensar que si planifican no son espontáneas y no fluyen. Lo cierto es que si te dejas guiar constantemente por lo que asalta tu mente en cada momento, acabas dispersándote y más perdido que una aguja en un pajar. Es más fácil alcanzar resultados cuando pones tu atención al momento presente, a la tarea que estás realizando. Además, las metas son los pensamientos planificados y dirigidos hacia tus intenciones.

Si te asalta una idea o una llamada que tienes que realizar, o un mensaje que quieres enviar, saca de tu cabeza lo que te ha llegado, dibújalo, anótalo en tu lista de tareas… y, cuando sea el momento, decide qué significa esa idea o realiza la llamada. De esta manera eres proactivo y no reactivo. No te dejas llevar por lo que te llega, bien sea un email o bien sea una idea o recordatorio que ha aparecido en tu mente. Cuando te concentras en la tarea conscientemente, concentras energía y la enfocas en lo que tú quieres. La espontaneidad puedes proyectarla decidiendo qué días o qué momentos en tu semana reservas para encontrarte con tu creatividad, tu artista interno.

Si, en un momento dado, sientes que te ha invadido un flujo creativo intenso, está bien que elijas estar con él. Después no te recrimines o autoexijas que tenías que haber hecho aquello o lo otro. Este es un detalle clave. Decide conscientemente lo que haces, sabiendo lo que dejas pendiente.

4. No, a las colaboraciones y compromisos que no vibran con tu momento presente

Decir que no es una de las cosas que más cuesta a la mayoría. ¿Es tu caso? Todos en algún momento decimos que sí a compromisos o colaboraciones que nos ofrecen, sin estar seguros de si nos conviene en el momento en el que estamos.

Lo que no haces determina lo que haces.
Tim Ferriss.

Antes de decir que sí a un compromiso, una colaboración o incluso una idea que ha llegado a tu mente, PARA. Reposa la propuesta o la idea, no digas que sí rápidamente. Es mejor dejar enfriar tu pensamiento y responde con más perspectiva. Escúchate antes de contestar «sí». Solo así sabes si te vibra la propuesta o la idea que ha emergido. Escucha tu cuerpo y reconoce cómo se siente con la propuesta, antes de adquirir un compromiso que no está en coherencia contigo en este momento. Puedes decir que no: no implica que pierdas una oportunidad o que nunca más vayas a tener esa oportunidad. No quedas mal, estás siendo sincero. Decir que sí cuando quieres decir «no», es incoherente y hace que no puedas dar lo mejor de ti. ¡Escúchate! ¡Conócete!

5. No, a las citas con tus clientes o colaboradores a cualquier hora

Sí: puedes decir que no a un cliente y tener tus propios horarios. Atender al cliente perfectamente no significa tener una reunión con él cualquier día, a cualquier hora. Reserva en tu calendario espacios de tiempo para ti, para tu proyecto, para reflexionar, para poner energía en la creación de producto, para hacer conexiones y relaciones estratégicas… Siempre hay excepciones, pero no hagas de la excepción una regla. Si desde el principio estableces relaciones equilibradas con tu cliente, así seguirán.

6. No, a las notificaciones y a perderte en las redes sociales

Tu presencia en las redes debe tener un sentido. Un «para qué», si eres emprendedor digital o un profesional que quiere crear y cuidar una marca personal. Pero eso no implica que tengas que ser esclavo de las notificaciones.

¿Te ha pasado alguna vez que entrabas, por ejemplo en el móvil, a registrar una nota de voz o dejar una tarea en tu *app* de gestión de tareas, y te has despistado en cuanto has visto un globo en el icono de Twitter, Facebook o WhatsApp? Puedes vivir sin notificaciones, sin ruiditos en el móvil avisándote de no sé cuántas cosas. Evita este tipo de distracciones. Recuperar la atención cuando ya la has perdido no es nada fácil.

7. No, a estar en veinte cosas a la vez

La multitarea no es posible. Siempre hacemos una cosa detrás de otra o, mejor dicho, dirigimos la atención a una cosa u otra. Mantener la atención plena en dos cosas al mismo tiempo no es posible. Hacerlas, dependiendo de su complejidad, sí. Pero lo que sí haces casi seguro es saltar de una tarea a otra sin orden. De una pestaña de Internet a otra o de un enlace a otro. Cuando queremos que nuestra mente vaya de un proyecto a otro, de un tema a otro saltando sin parar, la energía se dispersa completamente. Acabas el día cansado y con la sensación de no haber hecho lo suficiente o incluso pensando «Hoy no he hecho nada». Lo cual no es cierto: es imposible no hacer nada.

Para enfocarte debes ser consciente de qué proyectos son los primordiales a la hora de dirigir tu atención. Suelta la idea de que quieres todo para «ya». La inmediatez en la búsqueda de resultados nos invita a dispersarnos y estar nerviosos. Así no se consigue materializar los objetivos. Mantener el foco es un entrenamiento. Es como un músculo.

Puedes usar la técnica POMODORO. Eliges una tarea clave para materializar tus proyectos y te fijas los tiempos de la técnica Pomodoro.

Esta técnica consiste en cuatro ciclos: trabajar veinticinco minutos, descansar cinco; y cuando acabas el cuarto ciclo, descansas quince o treinta minutos.

HACER PRIMERO LO QUE TE DA MIEDO O NO TE GUSTA

Estoy segura de que, más de una vez, usas los criterios de decisión «Esto me gusta o no me gusta», y «Me resulta fácil o difícil». Tengo una mala noticia: este es un criterio pésimo de elección de las acciones a realizar. Ya que, para conseguir resultados extraordinarios, el criterio de selección no es este, sino la influencia que esa acción tiene en tus resultados.

La gente de éxito hace cosas que no les gusta nada hacer, pero que son necesarias para llegar donde quieren. Una persona exitosa hará cosas que no le gustan, cosas que no disfruta, cosas que incluso odia hacer, para llegar a donde quiere estar. Sin embargo, las personas que renuncian a sus sueños con tal de no hacer esas acciones, fracasan. Por eso es importante que conozcas la contribución que cada acción tiene en tus metas. Su implicación, el «para qué» de esa acción. «¿Esta acción hacia dónde me dirige? ¿Hacia qué me enfoca?» Elije realizar acciones enfocadas, en lugar de acciones que te gustan y te resultan fáciles.

El miedo también es un estado interno que, en muchas ocasiones, te frena y hace que estés procrastinando un determinado proyecto. El miedo emerge cuando te dices internamente que puedes no conseguirlo, fracasar, ser juzgado por los demás… El miedo aparece cuando te basas en falsas evidencias que hacen que tengas una representación interna limitante. El miedo emerge cuando estás condicionado únicamente por el pasado. De forma que estás reaccionando, en vez de creciendo y creando.

El miedo tiene muchos orígenes y no voy a considerarlos aquí. Simplemente te diré que el miedo puede ser un guía y un impulso, dependiendo de tu manera de percibirlo y la manera en que te estás comunicando contigo mismo. El miedo es una cortina de humo cuando no lo rechazas: cuando simplemente lo observas y das un paso al frente, descubres que era eso, una cortina de humo. Totalmente irreal e infundado. ¿Te atreves a dar el paso?

TOMAR ACCIONES DIARIAS HACIA TUS RESULTADOS

Si quieres cruzar la meta, entrena cada día. Michael Jordan entrenaba incluso en los días de vacaciones. Si tus objetivos son lo suficiente motivantes para ti y están alineados con tu esencia, no será una carga para ti realizar cada día una acción enfocada hacia tus resultados. Las acciones que realizas a diario te están diciendo a ti en qué tipo de persona quieres convertirte. En cómo de conectado con tu verdadera esencia estás y cuáles son tus objetivos y deseos. Además, realizar acciones diarias que te acercan a tus resultados, genera en ti una sensación de satisfacción y alegría. Así que piensa qué acción diaria vas a realizar a partir de ahora que te encamine hacia tus resultados, ya sean de salud, relaciones, de negocio…

USAR EL PODER DEL EFECTO ZEIGARNIK

No sé si has oído hablar de este efecto. Es verdaderamente muy interesante. Este efecto tiene el nombre de la psicóloga soviética Bluma Zeigarnik. Ella se dio cuenta, realizando un estudio con camareros, de que estos eran capaces de recordar con asombrosa facilidad una larga lista de pedidos pendientes y, sin embargo, difícilmente recordaban los platos que acababan de servir.

Llevado al plano del que estamos tratando aquí, quiere decir que la clave está en comenzar a dar pasos hacia tu objetivo. Esto despertará en ti la necesidad de finalizar, de seguir dando pasos porque no nos gusta dejar las cosas sin terminar. De hecho, nuestro sistema siempre está buscando ese fin.

Por lo tanto, comunícate contigo mismo animándote a comenzar, a dar el primer paso. Esto te llevará a querer seguir dando pasos para finalizar aquello que ya has comenzado. Nos motiva terminar lo que ha sido iniciado.

LAS CLAVES DE LA COMUNICACIÓN EFECTIVA PARA OBTENER RESULTADOS

Después de leer todo lo que te he contado, estoy convencida de que vas a poner mucha atención a tu comunicación interna. Qué te dices, qué imágenes pones en tu mente y cómo te sientes. El poder de tu mente y tu nivel de conciencia es ilimitado. En función de tus representaciones internas, tus límites varían. Si quieres tener una comunicación efectiva contigo para conseguir los resultados que quieres recuerda:

- Hablarte de forma amable y respetuosa. También con el resto de las personas.
- No uses palabras que te generen un sentimiento de bloqueo, rechazo o tensión en tu cuerpo. Cambia las palabras que utilizas.
- Libérate de la queja y su expresión desmedida.
- Sé concreto y conciso en tu comunicación, interna y escrita, cuando quieras pasar a la acción.
- Equilibra tres energías arquetípicas: la determinación, la ternura y el humor.
- Escúchate a ti y los demás: no juzgues las situaciones, más bien aprende de ellas.
- Emplea a menudo las preguntas: aprende a hacerte buenas preguntas que despierten tu creatividad y la búsqueda de soluciones.

Has podido leer hasta aquí cómo tu comunicación interna es determinante con el nivel de resultados que consigues. Tu productividad personal está profundamente relacionada con el tipo de conversaciones que mantienes a nivel interno. Llegados a este punto, solo queda ponerse manos a la obra y recordar que la clave no consiste en saber, sino en aplicar lo que se sabe. ¡Vamos a por ello!

INTRODUCCIÓN AL *COPYWRITING*: CÓMO ESCRIBIR LOS ARTÍCULOS DE TU BLOG PARA ENAMORAR A TU AUDIENCIA

Ernesto Ortiz
Copywriter web
www.ernestoortiz.es

Todo lo que voy a contarte en este capítulo se basa en mi propia experiencia. Soy Ernesto Ortiz y empecé mi propio negocio de marca personal en 2015, lanzando primero un blog, y unos dos años después, mi propia web profesional. Soy copywriter y acompaño a *coache*s, terapeutas y nutricionistas que quieren dar el salto al mundo online sin miedos, conectar emocionalmente con sus clientes y vender más en internet. Gracias a los textos efectivos consiguen transmitir el verdadero valor de sus servicios y formaciones.

Hechas las presentaciones correspondientes, en estas páginas vamos a seguir hablando de comunicación. Aunque lo haremos desde la perspectiva de entorno 2.0 y del *blogging*. Porque si bien es cierto que durante los últimos años hemos asistido a un crecimiento exponencial en cuanto a los negocios de marca personal se refiere, también lo es que el marketing que se practica necesita en la mayoría de los casos una actualización.

Estarás de acuerdo conmigo que cada vez más necesario volver a dar prioridad al ser humano, dejar a un lado el lenguaje académico, arcaico e impersonal que se ha venido empleando desde los inicios de Internet y librarse de la frialdad impuesta durante este tiempo en cuanto al lenguaje empleado en el canal online. Debemos así recuperar la naturalidad en los contenidos de la comunicación 2.0. Porque las palabras pierden todo su significado si el lector no se siente identificado con ellas. Y porque los contenidos de una web, un blog o un *post* Facebook —por citar tres ejemplos— no cumplen su objetivo si no despiertan emociones en los llamados «usuarios», que no son otra cosa que personas de carne y hueso que leen contenidos en una pantalla.

A continuación, descubrirás cómo puedes escribir los artículos de tu blog para que cumplan con este objetivo. Pero antes repasemos brevemente de dónde venimos: en 1999 se estrenaba *Matrix* en los cines, Britney Spears triunfaba con su canción ...*Baby One More Time*, y el Manchester United se proclamaba campeón de la Champions por 2 a 1 frente al Bayern de Múnich en el Camp Nou de Barcelona. Y ese mismo año, a las puertas del siglo XXI, había 23 blogs en Internet. ¡23! ¿Te lo imaginas?

Los tiempos han cambiado mucho en 20 años y, actualmente, se publican cerca de 3 millones de artículos en blogs a diario. Y si estás leyendo estas líneas, apuesto a que tú también tienes un blog o estás pensando en empezar a escribir artículos para darle visibilidad a tu negocio.

Así que en este capítulo vas a descubrir los pasos a seguir para que tus palabras resuenen en la conciencia de tus lectores. Porque los mejores textos son los que nos hacen sentir, los que nos transmiten emociones. Cuando escribes artículos que enamoran a tu audiencia, que inspiran a las personas que te leen y que les animan a pasar a la acción, entonces consigues destacar en el enorme océano del *blogging*. ¿Y sabes cómo puedes conseguirlo? Aquí tienes algunas ideas:

- Escribiendo artículos con una estructura que seduzca al lector desde las primeras líneas.
- Usando listas como esta para romper de vez en cuando el texto y facilitar la comprensión.
- Hablando de tú a tú al lector, con un estilo propio, directo y conversacional.

- Pensando en tu «lector ideal» —aquella persona que puede convertirse en cliente— y hablando de temas que le interesen.
- Educando, inspirando y entreteniendo, que son los 3 pilares del contenido útil.
- Escribiendo títulos que sean irresistibles para tu audiencia. Porque un artículo de 10 pasará desapercibido sin un buen título que llame la atención.

En definitiva, usando técnicas de *copywriting*. *Copy*… ¿qué? *Copywriting*, el aliado perfecto para escribir tus artículos.

Copywriting y *Blogging* son la pareja de moda. *Copywriting* es un conjunto de técnicas de ESCRITURA PERSUASIVA que motivan al lector a través de las palabras y de las emociones que le despiertan, para que realice una determinada acción. Escribir este tipo de textos requiere, sobre todo, entender a tu público objetivo. Es decir, entender de forma profunda quién es a quien te diriges con tu comunicación.

Requiere, por tanto, desarrollar la capacidad de adentrarse en la mente de tu «cliente ideal» para comprender sus temores, sus deseos y sus necesidades.

Recordemos que las necesidades primarias básicas de la gente son siempre las mismas. Todos queremos...

- Ser amados y admirados.
- Evitar el dolor, el miedo y el sufrimiento.
- Sentir que pertenecemos a algo más grande que nosotros.
- Crecer y prosperar.
- Encontrar el amor de nuestra vida.

Así, *copywriting* es una fusión entre arte y ciencia que se aplica a los textos publicitarios desde hace décadas, con el objetivo de persuadir al consumidor para que compre nuestros productos o servicios, teniendo en cuenta cómo funciona el cerebro humano. Interesante, ¿verdad?

Con el auge de los negocios online, este conocimiento se ha hecho cada vez más indispensable. Ya que solo si aprendemos a persuadir a través de las palabras podremos conseguir que nuestro proyecto crezca. Y a continuación aprenderás a escribir artículos ÉPICOS, de los que dejan huella. Eso sí, lo importante es que leas y apliques —recuerda que la práctica hace al maestro—.

Una primera recomendación: no te agobies. El objetivo no es conseguir el Premio Nobel de *Blogging*. Lo que queremos es emocionar a nuestra audiencia. Por eso, todo empieza con conocer bien a nuestro cliente ideal, hablar en su idioma y ofrecerle soluciones a sus principales problemas relacionados con nuestros servicios y productos. Con esta premisa, ya estás listo para empezar a crear tu estrategia de contenidos para que tu blog sea un imán de clientes potenciales.

Y para que toda estrategia sea efectiva, necesitamos elaborar un plan. Tus artículos deben inspirar, entretener y educar a otras personas. El contenido que compartes con tu audiencia también debe ser útil y de valor. Si ayudas a tu público objetivo a solucionar un problema o cubrir una necesidad, le estarás aportando mucho valor... ¡Y gratis! De esta forma, te posicionas también como un referente, un profesional influyente en sus vidas. Y te conviertes en la persona a la que acudir —o recomendar— si sienten la necesidad de actuar para conseguir el resultado que prometes con la PROPUESTA DE VALOR de tu negocio: aquello que te hace único y te diferencia de todas las demás opciones en el mercado.

Con una buena estrategia de contenidos, los artículos de tu blog, los *posts* en las redes sociales y los contenidos que publiques en otras páginas de tu sector, atraerás a personas interesadas en las temáticas que tratas. Una vez te descubren, lo importante es que consigas que se suscriban a tu lista. De esta forma te aseguras poder seguir comunicándote con ellas a través de tus correos electrónicos para:

- Informar de un nuevo artículo en tu blog.
- Promocionar tus servicios.
- Anunciar tu próximo taller.
- Construir una relación de confianza.
- Aportar más valor.
- Compartir casos de éxito de tus clientes.
- Inspirar con historias personales o de tus clientes.

Por otro lado, cuando escribes un artículo recuerda también debes tener en cuenta tus objetivos estratégicos. Los más habituales suelen ser aumentar tu credibilidad como profesional, animar a que los usuarios se conviertan en suscriptores, informar de un nuevo servicio o producto, o fomentar la participación y el debate en la zona de comentarios sobre un tema concreto. Y así, de paso, coges ideas para nuevos temas —algo que también puedes hacer preguntando directamente a tu lista de suscriptores—. ¿No sabes qué tipo de artículos publicar? A veces nos cuesta más decidir sobre qué vamos a escribir que ponernos a teclear. Así que a continuación comparto 5 ideas para tus próximos artículos. Tómalas como una base para empezar a apuntar todos los posibles *posts* que se te ocurran. Después, asígnales un objetivo concreto, una palabra clave y una fecha de publicación y ya tendrás una lista, lo que se conoce como *calendario editorial*, con los próximos artículos que vas a escribir.

IDEA 1: GUÍA PASO A PASO

En Internet buscamos información masticada, fácil de consumir. Si ofreces una guía paso a paso sobre alguna herramienta o una estrategia interesante para tu audiencia, tus lectores te lo agradecerán. Piénsalo. Si no sabes hacer algo, ¿dónde buscas? Piensa en las necesidades de tus clientes y ofréceles una solución guiada. Además de ayudarles, te mostrarás ante ellos como un experto en tu campo.

IDEA 2: EXPERIENCIA PROPIA O LA DE OTRO —UN CLIENTE, UN AMIGO, UNA HISTORIA INSPIRADORA…—

Imagina por un momento que te encuentras hace muchos, muchísimos años, con un grupo de personas alrededor de una gran hoguera. Un hombre cuenta cómo por la mañana ha salido a cazar y se ha enfrentado a un tigre en el bosque. Al ver que el tigre se dirigía hacia él, se ha subido a un árbol en el que ha estado durante muuuuuucho rato. Tú, como los demás presentes, escuchas boquiabierto la fascinante historia que está contando el cazador. Esto es *storytelling*, el arte de narrar historias. Desde pequeños, las historias nos atrapan. Tienen un poder casi mágico. Utiliza una buena historia para inspirar y conmover a tu público.

IDEA 3: ENTREVISTAS A OTROS PROFESIONALES Y ARTÍCULOS COLABORATIVOS

Hacer entrevistas es una buena estrategia para establecer relaciones con profesionales de tu sector y ganar visibilidad ante su audiencia. Puedes optar por realizar una entrevista más extensa o publicar un *post* con varias respuestas de diferentes expertos. Esto sería un *post colaborativo*.

IDEA 4: PROMOCIÓN DE TUS SERVICIOS

De vez en cuando puedes escribir un artículo relacionado con alguno de los servicios que ofreces. Recuerda a tu público los beneficios que puedes aportarles e informa de lo que haces sin esconderte. Aquí la idea es «vender sin vender». Habla de lo que van a ganar si contratan un servicio como el que ofreces; muestra casos de éxito, comparte experiencias con otros clientes...

IDEA 5: POST MÁS PERSONAL

Este es un buen recurso para fechas especiales, como las navidades o el inicio de vacaciones. También puedes contar anécdotas que te hayan pasado o dar las gracias a tus lectores por haber cumplido un año con el blog. O tal vez puedes explicar tus vacaciones o tu año y los aprendizajes que has obtenido.

Una vez tienes claro sobre *qué* vas a escribir, es hora de ver *cómo* puedes hacerlo para conseguir que tus lectores lo lean hasta el final y sientan que les has aportado mucho valor. Escribir contenido de calidad es lo que marca la diferencia entre un blog que consigue muchas visitas, las fideliza y convierte a un porcentaje en clientes, tarde o temprano, y otro que se queda en el intento. Veamos paso a paso cómo puedes escribir un artículo que atraiga muchas visitas y que se convierta en un post de referencia.

La premisa número uno de todo artículo «estrella» es que contiene información extremadamente útil para tu audiencia. Y ¿qué es «información extremadamente útil para tu audiencia»? Es aquel contenido que:

1. Le resuelve algún problema específico
2. Le ayuda a conseguir resultados
3. Le inspira a cambiar su vida a mejor

Para entender a tu audiencia y escribir sobre algo que le interese de verdad, deberás hacer un ejercicio de empatía y detectar qué problemas tiene, para así aportarle contenido de valor con tu solución. Solo así podrás escribir un artículo que conecte emocionalmente con tu cliente ideal, con los beneficios que supone hacerlo...

- Genera enlaces a tu blog.
- Se comparte en las redes sociales y te descubren más personas.
- Atrae tráfico de Google y te posicionas en el buscador número uno.
- Aumenta tu número de suscriptores.
- Incrementa la confianza de tus lectores.

Por tanto, el primer paso es describir quién es tu «cliente ideal» para poder escribir artículos en tu blog que capten su atención y le seduzcan, logrando así que se acabe convirtiendo en cliente.

¿QUIÉN ES TU CLIENTE IDEAL?

Tu cliente ideal es esa persona con la que te encanta trabajar. Es tu cliente perfecto, porque aprecia tu trabajo, no discute tus precios, te regala palabras de agradecimiento y, además, te recomienda a sus amigos y conocidos con una gran sonrisa dibujada en el rostro. Interesante, ¿verdad?

Tu cliente ideal te ve como alguien que puede resolver sus problemas. Te pagará lo que vales y estará encantado de hacerlo. Como ves, tu cliente ideal no es «todo el mundo». Es una persona concreta que sabe que tiene un problema, una necesidad. Además, ahora mismo es una prioridad para él —o para ella— invertir en una solución. Y sabe que contigo pondrá fin a sus problemas o resolverá sus necesidades. Así que a partir de ahora no tengas miedo a ser muy específico al definir a tu cliente ideal. Al contrario de lo que piensa mucha gente, cuanto más específico sea tu mensaje, mejor.

Por cierto, tu cliente ideal no es todo tu mercado objetivo, sino que forma parte de él. Cuando trabajas con esta persona piensas «Ojalá tuviera 30 clientes más así». Si defines a esta persona será más fácil llamar la atención de este tipo de perfil y qué contenidos debes publicar en tu blog para atraerlo hacia tu plataforma online. Sabrás cómo hacerle sentir bien en tu web, te ganarás su interés y conectarás con sus emociones, como lo haces cuando hablas con un amigo al que conoces muy bien. También encontrarás fácilmente las palabras clave de tus textos y qué tipo de mensaje de *marketing* comunicar. Te pongo un ejemplo… María es *coach* para parejas y en su blog habla de estos temas:

- Cómo realizar una sesión de *coaching* para parejas.
- Congresos a los que ha asistido.
- Herramientas para facturar.
- Formación necesaria para ser *coach* de parejas.

¿A qué tipo de personas atrae? ¡A futuros *coaches* de parejas o a su propia competencia! En cambio, ¿qué pasará si habla de estos otros temas?

- Las principales causas de los problemas de comunicación con tu pareja y cómo detectarlos.
- Cómo saber si eres dependiente en tu relación amorosa.
- Consejos para volver a conquistar a tu novio.
- Los 5 pilares de una relación amorosa duradera.

Lo que ocurrirá es que María atraerá a personas que tienen problemas con su pareja y que quieren solucionar su situación. Es decir, atraerá a su cliente ideal.

Conocer profundamente quién es esa persona a la que puedes ayudar con tus productos y servicios te permite hablar de sus problemas en tus textos. Recordarle sus puntos de dolor y ofrecerle la solución que tú tienes para mejorar su vida. Si en los textos de tu web o en tu blog hablas de ti más que de tu cliente ideal, conseguirás el efecto contrario y se irán a otra parte. Tu audiencia puede ser muy amplia, pero es importante escribir siempre pensando en una sola persona: en tu cliente ideal.

Así eres más específico, más personal y mucho más persuasivo. Y lejos de pensar que te cierras puertas, es todo lo contrario. Quizá con tus artículos atraerás a clientes que no se parecen en nada a tu cliente ideal, pero la mayoría de las personas que soliciten tus servicios tendrán características muy similares al perfil que deseas atraer.

Para poder tener un PERFIL REALISTA de tu cliente ideal necesitas investigar. Puedes contactar con clientes que ya hayas tenido y con los que te ha gustado mucho trabajar, para preguntarles directamente cómo es su día a día, qué necesidades tienen, con qué problemas se encuentran... Cuanto más sepas, mejor. Se trata de realizar lo que se conoce como *escucha activa*. Esto te servirá tanto para escribir textos persuasivos como para definir y afinar tus servicios. Necesitas responder a preguntas como estas:

- ¿Es un hombre o una mujer?
- ¿Qué edad tiene?
- ¿Cuáles son sus objetivos personales y profesionales?
- ¿Está casado?
- ¿Tiene hijos?
- ¿Qué aficiones tiene?
- ¿Qué significa para esta persona tener éxito?
- ¿Qué metas tiene en la vida?
- ¿Cuánto dinero gana al mes?
- ¿Qué le está impidiendo tener éxito/ser más feliz?
- ¿Qué blogs o libros lee para buscar soluciones?
- ¿En qué gasta su dinero?

Una vez tienes definido el perfil de tu cliente ideal, puedes dar un paso más: conocer a una persona similar en la vida real para tener una charla cara a cara. El objetivo es que obtengas la máxima información posible para poder ponerte en sus zapatos. Así sabrás qué piensa, qué necesita… y podrás servirle y ayudarle en lo que necesite, porque tendrás empatía con tu cliente ideal. Gracias a esta investigación, sabrás cómo habla de sus problemas y de sus metas; conocerás su lenguaje y las expresiones que usa, así tendrás información muy valiosa para utilizar en tus textos persuasivos.

PASO A PASO PARA ESCRIBIR TU ARTÍCULO

Bien, ahora que conoces los grandes beneficios que comporta escribir en tu blog contenido de calidad para tu cliente ideal, y así hacer crecer tu negocio y tu reconocimiento como marca, veamos cómo puedes escribir un artículo que enamore a tu público objetivo y se haga viral.

Antes de ponernos a escribir como locos, es recomendable crear un pequeño esquema del artículo teniendo en cuenta estos apartados:

- Título
- Introducción
- Cuerpo
- Conclusiones
- Formato

Veamos cada uno de ellos con más detalle.

EL TÍTULO: MAESTRO DE CEREMONIAS

Es la parte más importante de tu artículo. Lo es porque sin un gran título que capte la atención y despierte el interés, tu mejor artículo no se va a leer. El objetivo final es que el usuario sienta la necesidad de hacer *clic* y empezar a leer tu artículo. Haz varias pruebas, pregunta a tus amigos y conocidos cuál les parece más sugerente y persuasivo.

También puedes analizarte a ti y descubrir por qué lees los artículos que lees… ¿Qué títulos tienen esos artículos en los que haces *clic*? A continuación, te dejo algunas fórmulas que puedes utilizar para escribir un buen título para tus artículos.

- Cuéntame algo que no sepa: Un truco poco común para perder peso. Yo ya lo he probado y estos son mis resultados. Aquí funcionan muy bien palabras como trucos, secretos, consejos…
- Listas: Los 10 errores más comunes al emprender que tú puedes evitar desde hoy.
- Desafía la sabiduría popular: 3 motivos para dejar de tomar batidos verdes.
- Cómo conseguir/hacer/superar…: Cómo superar una ruptura de pareja en 5 sencillos pasos.
- Haz una pregunta: ¿No sabes qué hacer con tu vida? Estos 3 pasos te aportarán claridad.

Hay muchas teorías sobre si escribir el título debe ser el primer paso o el último. Yo te recomiendo que empieces por aquí, ya que cuando tengas un buen título vas a tener claro cuál es su objetivo y qué información vas a dar. Estudia a los mejores, como las revistas, páginas virales, otros *bloggers* que sigas… ¡Y nunca te olvides de dar lo que prometes en el título!

INTRODUCCIÓN: LLEGA LA HORA DE LAS PRESENTACIONES…

Los primeros párrafos del artículo tienen el objetivo de acompañar al lector hacia el contenido. Un artículo sin una introducción es algo así como llegar a una fiesta en la que no conoces a nadie. Estás perdido y sin rumbo.

Para que tus lectores no se sientan así, vamos a ver cómo puedes escribir una introducción que les seduzca desde la primera palabra:

- **Empieza con una historia personal.** Como sabes, las historias nos encantan, nos atrapan. Puedes empezar tu superartículo contando una historia, real o ficticia, que puedas relacionar después con el contenido. Incluso puedes reservar el desenlace de la historia para la parte final del *post*.
- **Presenta alguna estadística.** A las personas nos apasionan los hechos concretos y los datos. La información concreta es muy persuasiva… ¿Recuerdas cuántos blogs había en el año 2000?

- **Cuenta los motivos que te han llevado a escribir este *post*.** Puede que hayas dedicado 10 años de tu vida a resolver un problema en tu vida y ahora lo quieres contar a todo el mundo para que también puedan solucionarlo. Cuéntalo en la introducción.
- **Plantea preguntas.** Una pregunta te acerca al lector, atrae su curiosidad y genera una respuesta automática en su mente que le obliga a implicarse en la conversación y a seguir leyendo.
- **Haz reír al lector.** Para la introducción también puedes optar por el humor. Esto te ayudará a destacarte entre los muchos artículos insulsos que se publican cada día. Eso sí, usa un humor ligero, sano y apropiado para la ocasión.

Una vez tengas lista tu introducción, puedes escribir un pequeño párrafo recordando al lector el objetivo de tu artículo, es decir, el BENEFICIO PRINCIPAL que va a obtener el lector si se queda contigo y sigue leyendo la totalidad de tu *post*.

EL CUERPO: ¡EL ALMA DE LA FIESTA!

En esta parte nos metemos de lleno en materia. Pero cuidado… No se trata de empezar a aportar soluciones de buenas a primeras y desvelar los beneficios que tienes guardados para tu querido lector. Es recomendable hacerlo en dos partes y el primer paso es presentar el contexto.

Parte 1: el contexto

Con el contexto explicas de dónde viene lo que vas a contar.
- ¿Lo has leído en un libro?
- ¿Lo has aprendido en un seminario?
- ¿Viene de tu experiencia?

Y también puedes contar por qué es importante para el lector lo que vas a explicarle a continuación.

Parte 2: la solución

Aquí el objetivo es que lo que cuentes sea lo más práctico posible. Es decir, que el usuario pueda aplicarlo inmediatamente después de leer el *post*. Piensa en las posibles objeciones y da respuestas en el mismo cuerpo del artículo. Así quedará mucho más completo. Como ya te he comentado en alguna ocasión, las listas son muy útiles para estructurar el contenido y puedes separar cada punto con un pequeño subtítulo.

CONCLUSIÓN: ES HORA DE IR DESPIDIÉNDOSE, RECORDANDO LOS GRANDES MOMENTOS VIVIDOS.

¡Enhorabuena! Has escrito un artículo muy potente y te ha quedado genial. Vamos a poner la guinda con una buena conclusión. En esta parte resumimos el *post*, destacando lo más importante. Debemos dejar un buen sabor de boca. Que cuando el lector acabe de leer el artículo se cierre bien el contenido. Puedes terminar con una frase épica y, por supuesto, con UNA LLAMADA A LA ACCIÓN. Así que piensa… ¿Qué quieres que haga el lector a continuación?

Lo más habitual será que quieras que comenten en la zona de comentarios para intensificar la relación con tus lectores y seguir aportando más valor con tus respuestas. Una buena forma de acabar tu artículo es lanzar preguntas al lector para animarle a que dé su opinión. Incluso puedes pedir que comparta tu artículo en sus redes sociales si le ha resultado interesante todo lo que le has contado.

Sin embargo, también puede que el objetivo del artículo sea promocionar tu nuevo servicio. Entonces, aquí deberás presentarlo y escribir una llamada a la acción para que el lector visite la página de ventas.

FORMATO: ¡CONSIGUE QUE LA FIESTA SEA UN GRAN ÉXITO!

Si bien no forma parte del contenido del artículo, usar un buen formato para facilitar la lectura es casi tan importante como lo que cuentas en el artículo. Estos son algunos consejos que deberás tener en cuenta a la hora de estructurar y dar formato a tus *posts*:

- Utiliza subtítulos para romper el bloque de texto.
- Escribe párrafos cortos y presta atención al ritmo de lectura: alterna frases muy cortas con otras un poco más largas.
- Consigue que tu contenido sea fácilmente *escaneable* y amigable para los usuarios que te leen desde su móvil.
- Exprésate como lo haces en tu día a día, con un lenguaje claro y directo. Y si la ocasión lo permite, dale toque de humor.
- ¡Cuida la ortografía y la sintaxis!
- Utiliza listas siempre que puedas, como lo estoy haciendo yo ahora mismo.
- Enlaza a otros artículos de tu blog para que el usuario pueda ampliar la información y descubrir otros contenidos tuyos.
- Usa también enlaces externos a algún blog de referencia en tu sector. Así el lector podrá ampliar la información sobre un tema específico.

RECOMENDACIONES FINALES: ADIÓS AL SÍNDROME DE LA PÁGINA EN BLANCO

Has tenido una idea genial y quieres poner en práctica lo que has aprendido en este capítulo… Vas a revolucionar a tu audiencia con tu nuevo *post*. Removerás conciencias. Tu artículo sobre motivación personal será una mezcla de información de calidad y experiencia propia, aderezado con una buena dosis de entretenimiento. Te sientas frente al ordenador. Preparas un té. Miras a la pantalla, con las manos cuidadosamente colocadas en el teclado… Y, de repente, te invade una sensación difícil de definir. ¡Te has quedado en blanco! Intentas escribir las primeras líneas de tu artículo, pero empiezas a sudar. El síndrome de la página en blanco se ha apoderado de ti. Todas las ideas que tenías hacía un rato se han ido, han desaparecido. Por suerte, existen técnicas y estrategias para poder superar este momento. En este punto, piensa en la respuesta a estas tres preguntas:

- ¿Quién es tu cliente / quién va a leer el texto?
- Cuál es el objetivo del texto que vas a escribir?

- ¿Qué quieres que sienta el lector / potencial cliente?

Ten presente, siempre, que las palabras tienen un poder inmenso. Una frase clara, directa, que mueva a la acción puede conseguir movilizar a todo un pueblo. ¿Te acuerdas del famoso «Yes, we can!»? Antes de escribir cualquier texto persuasivo piensa qué quieres decir y, sobre todo, cómo lo quieres transmitir. Lo sé, al principio cuesta. Sin embargo, si antes de escribir tienes en mente a la persona a la que te diriges —quién es tu cliente ideal—, las palabras empiezan a fluir. Hasta puedes colocar una foto de este cliente ideal delante de ti, si es necesario. La escritura persuasiva, el *copywriting*, va de conversar con una persona, de entenderla y de ofrecerle soluciones.

Una de las principales razones por la que nos bloqueamos a la hora de escribir un artículo son las distracciones. Nos dispersamos con facilidad: abrimos el correo, consultamos Facebook, el móvil… El primer consejo es que te aísles del mundo durante un rato. Apaga todos los dispositivos y céntrate únicamente en el texto. Recuerda también tu objetivo principal, a quién te diriges y cuál es la idea principal que quieres transmitir. Haz una lista con todas las palabras clave o frases que quieres que aparezcan en el *post*. Así te será más fácil empezar y entrelazar frases.

Llega el momento de escribir todo lo que se te ocurra y, sin darte cuenta, verás cómo van saliendo nuevas ideas. ¡No pares! Verás que, al empezar a enlazar frases, cada vez vas escribiendo más contenido. Hazlo durante unos 30 minutos, sin parar. Y después, cambia de actividad, despeja tu mente un buen rato. Puedes recuperar el texto más tarde, o al día siguiente. Verás como ahora puedes revisar lo que habías escrito con mucha más claridad. Seguramente borrarás párrafos enteros y reescribirás muchas frases para que todo quede más claro. Cambia palabras que suenen demasiado complicadas por conceptos sencillos y fáciles de asimilar. Si lees el texto en voz alta y te cuesta respirar, entonces debes repasar los signos de puntuación y cambiar las frases para que sean más cortas. Por cierto, a este proceso de revisión, corrección y formato, se le conoce como "edición", para hablar en propiedad.

¡Ah! ¡Y no te detengas por culpa del perfeccionismo! No te bloquees en esta parte final pensando en, por ejemplo, «¿Será mejor decirlo así, o asá?». El escritor Ernest Hemingway decía: «No juzgues tu escritura hasta el día siguiente». Quédate con esta idea. El primer día puedes escribir todo lo que se te ocurra. Escribe sin parar durante 30 minutos, como mínimo. Deja reposar el texto, despeja tu mente y, el segundo día, edita el contenido. Y el tercer día puedes escribir un título ingenioso o esa introducción que, con una pequeña historia personal, capta la atención desde el primer momento.

Resumiendo: no necesitas estar 5 o 6 horas seguidas escribiendo. Divide el proceso en 2 o 3 días, verás que es mucho más fácil. Una vez tengas el texto revisado y listo, olvídate del perfeccionismo porque, si no, nunca lo publicarás. Piensa que lo que importa es el impulso que vas a ganar cuando te pongas en movimiento. Verás que después de una primera vez, la segunda te resultará más fácil. Y así sucesivamente. Aprender a escribir artículos que generen un gran impacto en tu audiencia requiere mucha práctica. No es algo que se domina de la noche a la mañana.

Escribe. Cada día. Es el mejor consejo que puedo darte. Y repasa este capítulo siempre que tengas que escribir un artículo para tu blog, hasta que hayas adquirido la práctica suficiente.

El hecho de haber llegado hasta aquí me demuestra que eres una persona comprometida con tu proyecto, que quieres aprender a escribir mejores artículos y textos efectivos para tu negocio. Por tanto, seguro que te comprometes con todo lo que haces. Porque cuando se nos apaga la llama de la curiosidad por aprender nuevas habilidades y mejorar nuestras aptitudes, ya podemos abandonar. Así que ya sabes… ¡Haz sonar tu teclado cada día!

Que lo oiga hasta tu vecina.

CÓMO COMUNICARSE CON UNO MISMO PARA EVITAR EL CONFLICTO CON LA PAREJA

Francisco Javier Gutiérrez
Experto en Amor Consciente para singles
www.franciscojaviergutierrez.com

Dice *Un Curso de Milagros*[18] que comunicar es unir y atacar es separar. Por lo tanto, comunicar, como dice la propia palabra, es poner en común. Si comunicar es compartir, comunicar se vuelve un acto de comunión con el otro.

Me llamo Francisco Javier Gutiérrez y ayudo a personas que han arruinado sus relaciones de pareja a conectar con su Amor Interior para crear una nueva relación de pareja plena con mi método Amor Interior Consciente.

Pienso que solo podemos comunicar a los demás el amor que primero nos tenemos a nosotros mismos. Por lo tanto, para lograr la comunión con la pareja primero tenemos que aprender a comunicarnos con nuestro amor interior.

La principal causa de conflicto que tienen mis clientes en sus relaciones personales, o de pareja, es la comunicación. Por eso, en este artículo quiero responderte a las tres grandes preguntas que me hacen mis clientes:

---

[18] *Un Curso de Milagros*. Fundación para la Paz Interior. 1999

1. ¿Qué es comunicarme con el otro dentro de una relación?
2. ¿Por qué no puedo comunicarme con las personas que quiero?
3. ¿Cómo puedo resolver estos problemas de comunicación con los demás?

Como resultado de lo que vas a leer aquí, comprenderás que un problema de comunicación con el otro solo me está hablando de un problema de comunicación conmigo mismo. ¿Por qué digo esto? Porque COMUNICAR ES UNIR, y cuando esa unión con el otro no se produce, sin darme cuenta, me he separado de mi interior. Es decir, he perdido la comunicación conmigo mismo.

Quiero decir que cuando nos separamos de nuestro amor interior, hemos empezado a identificarnos con el ego y el personaje que creemos ser. En este sentido, cada vez que me identifico con mis ideas, mis creencias o mis inseguridades, he perdido la conexión con el Yo Esencial y entonces solo puedo ver al otro como *mi enemigo*.

Por lo general, cuando sentimos que la comunión con el otro se ha perdido, hemos activado un mecanismo de ataque. ¿Y por qué atacamos? Atacamos porque queremos tener razón y deseamos que nuestro criterio prevalezca sobre el criterio del otro.

Por lo tanto, y para resumir todo lo dicho hasta ahora en una sola frase, puedo señalar de nuevo que COMUNICAR ES UNIR Y ATACAR ES SEPARAR.

Este artículo abrirá tu mente a un nuevo concepto de lo que es la comunicación. Cuando hayas terminado de leerlo, conocerás...

- Los dos modelos de pensamiento de la mente que permiten, o limitan, la comunicación con los demás.
- La causa y el verdadero origen de tus «problemas de comunicación».
- Por último, habrás aprendido una manera de recuperar la conexión con tu interior cada vez que el otro despierta, con su comportamiento, una herida inconsciente de tu ego.

LA COMUNICACIÓN NO ES LO QUE CREES

Marshall Rosenberg, el creador de la *Comunicación No Violenta* [19], dice que solo necesitamos a los demás para aportar cosas positivas a sus vidas. Es decir, según Rosenberg solo necesitamos a los demás para comunicar y compartir amor. ¿Y por qué no lo hacemos? ¿Por qué cuando nos relacionamos con el otro lo hacemos, la mayoría de las veces, para hacerle responsable de nuestra desgracia o nuestro malestar? Responderé a estas preguntas más adelante.

¿QUÉ ES COMUNICAR DENTRO DE UNA RELACIÓN CON OTRA PERSONA?

En realidad, nos pasamos el día compartiendo nuestro miedo a los demás y, cuando esto ocurre, el otro se siente atacado y no querido. ¡Y luego decimos que tenemos problemas de comunicación! En este artículo vas a aprender que cuando estamos identificados con el ego no podemos poner nada en común con los demás, pues el miedo no se puede comunicar. Esto es así porque solo podemos comunicarnos con el otro cuando estamos conectados con nuestro Yo Esencial.

Vamos a ver todo esto de una forma más clara, con una situación real de conflicto en una relación de pareja.

EL GAZPACHO DE JAIME Y LAURA

Jaime y Laura son una pareja que están pasando unos días en casa de Petra, una amiga alemana de Laura que vive en el campo. Cuando están almorzando Jaime prueba el gazpacho de Petra y le dice a Laura que le encanta el gazpacho que ha preparado su amiga. Petra, que ha oído el comentario, le

[19] Marshall B. Rosenberg. *Comunicación No Violenta. Un lenguaje de vida.* Editorial Acanto. 2016

aclara que fue Laura quien le enseñó a hacer el gazpacho cuando ella estaba de Erasmus en España.

—¡Pero si a Laura no le gusta cocinar! —exclama Jaime—. Además, a ti nunca te sale un gazpacho como este —dice, mirando a Laura.

—En aquella época, Laura cocinaba un poquito —dice Petra—. Gracias a ella conocí la cocina española.

—Pues debe hacer mucho tiempo de eso —dice Jaime—, porque en casa cocino yo. Por eso me gustaría saber el secreto de tu gazpacho, Petra.

—No tiene ninguna ciencia este gazpacho —dice Petra—. Es verdad que tiene un ingrediente secreto… a ver si averiguas cuál es.

—Tú y tus ingredientes secretos —dice Laura—. Veo que sigues tan creativa como siempre —añade, riéndose.

—La verdad es que me gusta ser una artista en la cocina —responde Petra.

—Pues a mí también me gusta serlo, y te lo puedo demostrar cuando quieras —dice Jaime.

—¿Quién quiere un poco más de gazpacho? —pregunta Petra.

Laura dice que tiene demasiado ajo para su gusto y se levanta de la mesa. «Tengo que hacer una llamada», dice. Al mismo tiempo, Jaime pide una ración más:

—¡Quiero descubrir el ingrediente secreto!

Cuando llega la tarde y la pareja se queda sola, viendo la puesta de sol, Laura le dice a Jaime que ha estado coqueteando con Petra.

—Mira —dice Jaime—, no quiero ponerme a discutir ahora. Déjame disfrutar de la puesta de sol.

—Entonces, ¿no tienes nada que decir? —pregunta Laura.

—No. No tengo nada que decir. No quiero discutir otra vez por lo mismo de siempre. Estoy cansado de que controles todo lo que digo, lo que no digo, lo que hago y lo que no hago. Ya está. No quiero hablar más de este asunto.

—A ti lo que te pasa es que no quieres resolver el problema
que tienes —dice Laura—. ¿Ves como es imposible comuni-
carse contigo?

Es posible que esta situación que te acabo de mostrar te resulte familiar. A partir de ahora voy a poner la atención en Laura. Voy a mostrarte cómo puede sanar su dolor. Observa que cuando le dice a Jaime: «Te voy a compartir que me siento mal porque has estado coqueteando con mi amiga», en realidad no está comunicando nada porque no está poniendo nada en común.

Laura solo está juzgando el comportamiento de Jaime según su propia percepción de la realidad. Tal vez puedes darte cuenta de que cuando ella se expresa desde el victimismo, no está *comunicando* porque no está mostrando algo que pueda *compartir* con el otro. ¿Cómo va a pretender que Jaime comparta con ella una acusación? Si, como he dicho antes, comunicar es unir y compartir, las acusaciones no se pueden compartir porque una acusación separa y crea distancia entre los dos.

La clave de la comunicación, por tanto, está en dejar de sentirse víctima del otro. Cuando me siento víctima, estoy comunicando miedo. Para dejar de comunicar miedo, tengo que hacerme responsable de lo que siento y no proyectar ese temor en mi compañero. Cuando proyecto miedo estoy pidiendo al otro que sostenga una herida inconsciente mía, de la que no quiero hacerme cargo.

Observa que, si me siento víctima del otro, estoy haciendo depender mi bienestar de su comportamiento. Creo que el otro tiene el poder de robarme mi paz interior, algo que es innato en mi naturaleza profunda. Y desde ese lugar de víctima no puedo comunicar nada porque estoy hablando desde el ego. Por lo tanto, para poder comunicarme con Jaime, primero debo recuperar la conexión con mi Yo Esencial. Podré hablar mucho, justificarme, irritarme, enfadarme profundamente con mi pareja, pero no estaré *comunicándome* con ella. Es como gritar en el desierto. ¿Se puede hacer de otra manera?

Sí, se puede. ¿Es fácil? La experiencia me dice que no lo es; es mucho más fácil querer tener razón que querer ser feliz. Todo depende de tu verdadera intención a la hora de querer comunicarte con tu pareja. ¿Quieres que haya paz entre vosotros o prefieres que haya guerra?

Vamos a ver cómo se hace esto. Al final del artículo te daré unas pautas concretas de actuación, según lo que nos dice la Comunicación No Violenta (CNV). Al mismo tiempo, antes de llegar ahí, es preciso comprender cómo funciona nuestra mente.

LOS DOS MODELOS DE PENSAMIENTO

Existen dos modelos de pensamiento a la hora de relacionarnos con los demás: el modelo de pensamiento de la máscara —o ego— y el modelo de pensamiento del Yo Esencial —o Espíritu—. Estos dos sistemas son opuestos y se contradicen:

- Cuando actúas desde el Yo Esencial, estás eligiendo ser feliz.
- Cuando actúas desde el ego estás eligiendo tener razón.

¿Desde qué sistema de pensamiento están queriendo comunicarse Jaime y Laura?

Ambos están queriendo comunicarse desde su voluntad de tener razón. Cuando queremos tener razón, tenemos miedo de dejar de ser nosotros mismos. Por eso queremos reafirmar nuestras ideas, cueste lo que cueste. ¿Es posible, entonces, la comunicación entre Jaime y Laura? Sí, lo es.

Hemos visto antes que cuando queremos comunicar miedo, el otro se siente atacado. Además, el ataque interrumpe la comunicación haciendo que esta sea imposible. Por lo tanto, el primer paso para comunicarnos con los demás es comprobar si estamos o no en paz cuando queremos compartir nuestra verdad con otra persona. Por ejemplo, si siento malestar, celos, tensión o enfado, el primer paso para recuperar mi centro es darme cuenta de que no estoy en paz. Es decir, el primer paso es reconocer que estoy eligiendo tener razón cuando quiero comunicarme con mi pareja.

Puedo observar que cada vez que alguien hace o dice algo que me causa malestar, se activa una herida inconsciente del pasado. El dolor de esa herida es lo que provoca la pérdida de la paz interior.

Te voy a mostrar ahora lo que ocurre cuando se activa una herida inconsciente.

LA ACTIVACIÓN DE LA MÁSCARA PROTECTORA

¿Estaba en paz Laura cuando quiso comunicar a Jaime sus celos? No. No lo estaba porque el comportamiento de Jaime había despertado una herida inconsciente del pasado en la mente de Laura. Voy a imaginar que es una herida de traición de su niña interior. Esa herida del pasado activó, en el presente, su mecanismo de protección interna para evitar el sufrimiento. En el caso de Laura, el mecanismo de protección interna es su parte *controladora*. Si sabemos que lo que más teme Laura es la separación y que Jaime deje de estar a su lado, podemos comprender que el deseo de controlar a Jaime es la manera que tiene Laura de evitar el miedo a la separación. Laura cree que si está pendiente de lo que Jaime dice o hace, ella evitará sentirse traicionada.

Como las heridas de nuestro niño interior son inconscientes, solo podemos verlas a través de la proyección en el otro de nuestro malestar. De esta manera, lo inconsciente se hace visible a través de la proyección. «Mi herida de traición se hace visible cuando veo a mi pareja coquetear con otra persona». Eso es la proyección. Creer que lo que a mí me pasa es consecuencia de lo que hace el otro.

¿Qué es lo que Laura piensa acerca de sí misma y que no sabe que lo piensa? Laura piensa que no está a la altura para estar con Jaime. Eso es lo que piensa su niña herida. Por lo tanto, es una creencia inconsciente. ¿Por qué Laura no se da cuenta de lo que está pensando? Porque su máscara le oculta ese pensamiento. Su máscara le dice, por ejemplo, que Jaime es un pobre hombre que se deja engatusar por cualquiera y que ella se merece alguien mejor.

Cuando siento celos estoy proyectando sobre mi pareja una herida inconsciente de traición. Entonces, me digo a mí mismo que el otro me ha traicionado. Fíjate que lo que hacen estos pensamientos es ocultarme que tengo una herida inconsciente. Podría ser que

Laura se esté sintiendo traicionada por Jaime, del mismo modo que se sentía traicionada por su padre cuando era niña. Laura podría recordar que cada vez que ella se rebelaba contra su madre, su padre —que la llamaba *su princesita*— no la defendía en esos momentos en los que ella estaba convencida de tener la razón.

Observa que esa herida de traición enterrada en su inconsciente es el verdadero origen de su malestar en el momento presente. Es posible que Laura, cada vez que se sentía traicionada por su padre, no supiera qué hacer con su dolor porque era muy pequeña. Entonces fabricó una máscara, un personaje, para protegerse de ese dolor. Así fue cómo fabricó el papel de *la controladora*: «Debes tener cien ojos para evitar que se aprovechen de ti», le dice su máscara. De esta manera, Laura aprendió a controlar a los demás y a anticiparse a los acontecimientos como una manera de evitar sentirse traicionada de nuevo. Por eso, cuando Laura se identifica con su máscara de controladora, está convencida de tener razón y espera que Jaime acepte lo que ella piensa. Esa sería la confirmación de que ella tiene el poder.

Observa que, si Laura está identificada con la máscara, entonces está en la mente del ego y se ha desconectado de su Yo Esencial. Laura tiene miedo de que Jaime se aleje de su lado y la única manera que conoce de evitar ese miedo es controlando a Jaime. La máscara de la controladora es una parte de la psique de Laura: un visitante que aparece cada vez que Laura se siente insegura en su relación con Jaime.

EL ORIGEN DE LA FALTA DE COMUNICACIÓN

Para una persona que juega a tener razón, la falta de comunicación con el otro se convierte en una forma de mantener la adicción al conflicto. De esta manera, el conflicto se convierte en algo tan cotidiano que es imposible darse cuenta del caos que tenemos en nuestro interior. Cuando quieres tener razón, el conflicto está garantizado y el otro solo es una diana en la que clavar la colección de dardos que reafirman tu identidad. Esta adicción al conflicto nos hace buscar dianas continuamente para poder tener razón. Y cuanto mayor es tu deseo de tener razón, mayor es la necesidad de ataque.

LA ADICCIÓN AL CONFLICTO

La adicción es la pescadilla que se muerde la cola: mis creencias definen lo que soy y, para reafirmar mi identidad, debo tener razón siempre.

Volvamos al caso de Jaime y Laura: ¿Cuál era la creencia de Laura acerca de sí misma? Laura cree, de forma inconsciente, que no está a la altura para ser la pareja de nadie, por eso ve amenazas cada vez que Jaime crea empatía con otra persona. Cuanto mayor sea la identificación con esa creencia, mayor será su deseo de ataque a través de su máscara del control. Cuanto menos creo que valgo, mayor será mi necesidad de controlar a mi pareja para que siga a mi lado.

Los dardos que reafirman la falsa identidad de Laura son los rasgos de su máscara de control. Por ejemplo, cuando Jaime le niega que haya estado coqueteando con Petra, ella no soporta que no sea capaz de reconocer su error. Laura ve a Jaime como un hombre débil… y es posible que pensara lo mismo de su anterior novio. Cada vez que teme la separación, ella lanza nuevos dardos de control sobre su pareja. Y cuanto mayor es su deseo de control, mayor es la defensa de la idea inconsciente que tiene acerca de sí misma: «No estoy a la altura de ser la pareja de Jaime». Laura no se da cuenta de que ese pensamiento es un error de su mente.

CÓMO VOLVER A CONECTAR CON EL OTRO

Es posible que pienses que la falta de comunicación no tiene ningún propósito y tampoco ninguna utilidad. Eso no es cierto. Sentir enojo o rabia no es algo malo que tengas que reprimir dentro de las relaciones con los demás. La rabia es un visitante que trae un mensaje para ti.

Cuando reprimes la rabia, dejas de escuchar ese mensaje que trae para ti y que es importante. ¿Cuándo aparece la rabia? Como ya te habrás dado cuenta, aparece cuando actúas desde el ego y juegas a tener razón. Cuanto sientes rabia sientes malestar, por lo tanto, es normal desear que desaparezca si quieres jugar a ser feliz en tus relaciones afectivas. Al mismo tiempo, nos avisa de que hemos perdido la paz interior y que estamos queriendo comunicar desde la máscara del ego. ¿Cuál es, entonces, el beneficio de la falta de comunicación?

PARA QUÉ SIRVE LA FALTA DE COMUNICACIÓN

La Comunicación No Violenta (CNV) enseña que podemos utilizar la rabia para identificar aquellas necesidades que no están siendo satisfechas. Por lo tanto, la falta de comunicación te está avisando de que hay necesidades y anhelos tuyos que no estás colmando. Por ejemplo, la falta de comunicación en tu relación de pareja es la luz roja que te avisa de estas necesidades insatisfechas. En esta tercera parte, te voy a mostrar cómo puedes recuperar la conexión con tu centro para sanar los problemas de comunicación en tus relaciones.

Te presento los cuatro pasos que van a ayudarte a reconectar con tu Yo Esencial, cada vez que tengas un conflicto en tus relaciones:

PASO 1: OBSERVAR LA ACCIÓN DEL OTRO QUE ME HACE PERDER LA PAZ INTERIOR

El primer paso para recuperar tu centro en una discusión es observar, de forma objetiva, los hechos que crearon el malestar. ¿Qué dijo tu pareja que te hizo daño? Una cosa son los hechos y otra, muy distinta, lo que sientes ante esos hechos. Hemos visto a lo largo del artículo que aquello que haga o diga el otro no es la causa de tu malestar. Tal vez ahora te des cuenta de que la causa del enfado de Laura no estaba en lo que hizo Jaime, sino en la interpretación subjetiva de aquello que hizo.

Al principio no parece fácil separar el estímulo —lo que ocurre en el exterior— de la causa —lo que ocurre dentro de la mente— y necesitas cierta habilidad. Ya sabes que el ego, para sobrevivir, necesita encontrar un culpable fuera y así evitar asumir la responsabilidad de lo que sientes. Por eso, la primera reacción siempre es acusar al otro de hacer —o no hacer— tal o cual cosa.

En este primer paso solo tienes que observar los hechos, sin emitir ningún juicio o evaluación por tu parte. Si yo le pregunto a Laura qué hechos externos a ella han provocado su rabia, respondería que el estímulo de su enfado fue que su pareja estaba tonteando con Petra. Y si le pido que mire en su interior y que observe la causa de su rabia, me responderá lo mismo: la culpa es de Jaime. No se da cuenta de que está proyectando sobre él la verdadera causa de su malestar

La causa de la rabia es la interpretación que ella hace de lo que ha visto en la mesa. Es decir, de qué manera está evaluando eso que pasó durante la comida para que le haga daño. Observa de qué forma Laura está desconectándose de su interior y de sus necesidades, cuando pone la atención en lo que hace Jaime.

Lo cierto es que cuando mira fuera de ella no puede mirar dentro. Es decir, cuando está identificada con la máscara, no puede conectarse con su Yo Esencial. Y para saber lo que siente, Laura tiene que mirar en su interior. Observa también cómo Laura, cuando pone el foco de su atención fuera de ella, está valorando la reacción de su pareja como si fuera un error. Al ego le encanta tener razón y, para que tú tengas razón, tu pareja debe estar equivocada. Este es el primer error de la mente.

PASO 2: IDENTIFICAR EL JUICIO EN LA MENTE QUE PROVOCA EL ENFADO

El segundo paso es darte cuenta de que la causa del malestar no está en lo que hace tu pareja, sino en tu propia interpretación o evaluación de lo que hace. La raíz de la pérdida de comunicación se encuentra en esta forma de ver las cosas.

Cuando Laura cree que la causa de su rabia reside en que su pareja está flirteando con su amiga, ella está creyendo que tiene razón y que el otro está equivocado. ¿Cómo puede entonces Laura saber cuál es el origen de su rabia? Pues gracias a este sencillo ejercicio que propone Marshall Rosenber[20]:

Primero, le pediría que intente completar esta frase en su mente: «Estoy enfadada porque me digo a mí misma que...». Es decir, le estoy pidiendo a Laura que indague en su interior y que busque ese pensamiento que es la causa de su malestar. Ella puede darme estas posibles respuestas:

- Estoy enfadada porque me digo a mí misma que mi pareja no se da cuenta de que lo están manipulando.
- Estoy enfadada porque me digo a mí misma que mi pareja no me tiene en cuenta.
- Estoy enfadada porque me digo a mí misma que mi pareja no me quiere.

Date cuenta de que, al principio, la respuesta de Laura era que el motivo del enfado era el comportamiento de Jaime, es decir, el coqueteo con Petra. Ahora puede ver que la causa de la rabia son los pensamientos que ella tiene en su interior. Sus pensamientos se manifiestan en forma de juicios sobre Jaime. ¿Entiendes que la forma que tiene la máscara de fortalecerse y de tener razón es proyectar sobre los demás juicios y críticas? De este modo, evitas hacerte cargo de tus propios sentimientos. Cuando te sientes víctima de lo que hace tu pareja, crees que lo que sientes no es responsabilidad tuya: la culpa la tiene el otro.

De este modo, si no somos conscientes de esos pensamientos internos que crean nuestra rabia, estaremos predispuestos a acusar al otro de nuestro malestar. Y, por lo tanto, veremos justificado castigarle a través de reproches, mal humor o gestos groseros, como levantarme de la mesa diciendo que tiene demasiado ajo un gazpacho.

---

[20]   Marshall B. Rosenberg. *Comunicación no violenta. Un lenguaje de vida.* Editorial Acanto. 2016

PASO 3: BUSCAR LA NECESIDAD NO SATISFECHA QUE ESTÁ DETRÁS DEL JUICIO HACIA EL OTRO.

El tercer paso consiste en poner tu atención en la necesidad que está en la raíz de tu rabia. Como has visto en el paso anterior, la CNV se basa en la suposición de que nos enfadamos porque nuestras necesidades no están siendo satisfechas. El problema es que no estamos en contacto con nuestras necesidades porque, en lugar de estar conectados con el corazón, nos vamos a la mente y empezamos a proyectar sobre el otro nuestro malestar a través de los juicios, evitando asumir la responsabilidad de lo que sentimos. ¿Cómo puedes conectar con tus necesidades?

Para conectar con tus necesidades necesitas guiarte por tus sentimientos. En muchas ocasiones, no podemos tomar conciencia de nuestras necesidades porque no sabemos nombrarlas, nos faltan palabras. Dice Marshall Rosenberg[21] que cuando amplías el vocabulario puedes establecer contacto con aquellas necesidades que están detrás de los juicios y que provocan tu enfado. Volvamos al ejemplo de Laura y Jaime.

Ella ya identificó los juicios que había tras la rabia. Ahora le pediría que se fijara en lo que había detrás de esos juicios y me dijera cuáles de sus necesidades no estaban siendo satisfechas. Descubrir esas necesidades no es fácil, sobre todo si Laura está acostumbrada a mirar fuera de ella y pensar más en lo que hace mal su pareja que en sí misma.

Cuando dedicas mucha energía a pensar así, tu vocabulario para expresar tus propias necesidades es muy pobre. Se trata ahora de cambiar el foco de atención y, en lugar de juzgar hacia fuera, Laura ahora debe mirar hacia dentro y ver cuáles son sus necesidades.

Ella siente rabia cuando cree que Jaime está tonteando con Petra. ¿Qué es lo que haría a Laura dejar de estar furiosa? «Sentirme segura en la relación», dice. Entonces, tiene necesidad de seguridad. Para Laura es importante confiar en que la relación con Jaime es plena y satisfactoria.

---

[21] Marshall B. Rosenberg. *El sorprendente propósito de la rabia*. Editorial Acanto. 2014

Ahora podría preguntarle: «Una vez que estás en contacto con tus necesidades, ¿cómo te sientes?». Podría responderme diciendo que tiene miedo, porque se ha dado cuenta de que Jaime valora en Petra aspectos que ella no tiene, como el amor por la cocina. Ese descubrimiento le crea inseguridad. Observa que, cuando Laura está conectada con sus necesidades, no está enfadada. Cuando estamos conectados con nuestras necesidades, no estamos nunca enfadados. ¿Dónde ha ido la rabia?

Quiero señalar que la rabia no se ha reprimido, solo se ha disuelto, se ha transformado en sentimientos que sirven para cubrir sus necesidades, como dice Marshall Rosenberg. Por lo tanto, la función básica de los sentimientos es servir a nuestras necesidades. La rabia, en cambio, nos aleja de poderlas satisfacer. Dice Rosenberg que la palabra *emoción* significa etimológicamente ponernos en movimiento; es decir, ponernos en marcha para satisfacer nuestras necesidades.

¿Qué tiene que hacer Laura para ponerse en marcha y satisfacer sus necesidades por si misma sin contar con Jaime?

Laura puede concretar acciones reales para cuidar su necesidad de seguridad. Si ella no se hace responsable de su necesidad no podrá ser amorosa con Jaime y fortalecer el vínculo de la relación, que es lo que realmente desea.

Hasta que ella no logre seguridad en sí misma no podrá aportar seguridad a la relación de pareja.

PASO 4: DEFINIR ACCIONES CONCRETAS PARA SATISFACER LAS NECESIDADES QUE HE DESCUBIERTO

Hasta ahora, he hablado de tres pasos para gestionar la falta de comunicación usando la CNV:

1. Identificar el hecho concreto que provoca el malestar cuando queremos comunicarnos.
2. Descubrir los juicios internos que producen el enfado.
3. Concentrar tu atención en la necesidad que se esconde tras el juicio.

Estos tres pasos se realizan en tu mente y no es preciso verbalizar-los. Es decir, que no necesitas a tu pareja para darte cuenta de que el origen de tu enfado no está en lo que hace el otro. Cuando sigues estos tres pasos estás en contacto con tu espacio interior y puedes observar lo que ocurre desde el Yo Esencial. Lo que has hecho, simplemente, ha sido tomar conciencia de que tu rabia no la causa lo que ha hecho tu pareja, sino el juicio que haces en tu mente. Luego, una vez que has observado todo lo que ha pasado, con curiosidad y compasión, puedes buscar qué necesidad no satisfecha es la que ha provocado ese juicio mental.

Después de este trabajo interno, puedes hacer el cuarto y últi-mo paso y compartir con tu pareja la verdad que has descubierto. El cuarto paso consiste en buscar acciones concretas que puedan cuidar nuestras necesidades. Una vez que Laura ha identificado su necesidad de seguridad, puede mirar qué es lo que desea y qué acciones concre-tas pueden ayudarla.

Una de esas acciones sería hablar con Jaime, desde el amor, una vez que ha recuperado la conexión con su Yo Esencial. Porque reco-rriendo los tres pasos anteriores está en disposición de comunicar su verdad desde el amor, y no desde el miedo. Ahora se trata de poner en común y compartir con Jaime. Por ejemplo, podría decirle, una vez están solos en la habitación:

Esta tarde, cuando hemos estado comiendo, he visto que has mostrado mucho interés por el gazpacho de mi amiga. Eso me ha hecho sentir enfadada, porque necesito seguridad en nuestra relación de pareja. Vuestra conversación ha desper-tado miedos antiguos que no he sabido reconocer y por eso me he levantado de la mesa.

Ahora sé que lo que has hecho con Petra durante la comi-da no es la causa de mi enfado. Sé que esa rabia es solamente mía y que no tiene nada que ver contigo. Por eso quiero pedir-te que me escuches, porque creo que hablarlo contigo puede ayudarme a tener más claridad.

La petición de escucha es una de las muchas maneras que tiene Laura de satisfacer su necesidad de seguridad. Repito: solo es una de las muchas maneras que Laura tiene a su disposición.

Observa que, en este caso, sí hay comunicación porque está compartiendo su verdad y poniendo en común lo que hay en su interior. Cuando Laura tiene claridad en su mente, puede buscar otras maneras concretas de cuidar su necesidad de seguridad. Ahora bien, el noventa por ciento de las peticiones que funcionan para desactivar los juicios y exigencias de nuestras máscaras son las que nos hacemos a nosotros mismos.

¿Qué otras opciones tiene Laura para satisfacer su necesidad por sí misma? En este sentido puede, por ejemplo, asistir a un taller de CNV o iniciar una terapia para poder sanar esa herida interna de traición que un gazpacho ha despertado en su interior. Sanar su herida desde una decisión y una acción consciente, es el camino más corto para recuperar, primero, la conexión con su interior y, después, la conexión con su pareja para darse a sí misma esa seguridad que necesita para ser feliz.

TABÚES QUE TIENEN LOS HOMBRES ENTRE 40 Y 55 AÑOS CON LA AMISTAD

Mariví Porras
Acompaño a hombres y mujeres que quieren mejorar su vida, y su autoestima, a crear la vida que desean vivir
www.tuamigaonline.com

«Amistad» es una palabra que se utiliza muy a menudo en nuestra sociedad, en muchas ocasiones de una forma un poco superficial, tanto en mujeres como en hombres, pero hoy voy a centrarme en cómo los hombres, especialmente los que sois de la cosecha del 64 al 79, tenéis todavía un largo recorrido para sentiros realmente en armonía y conexión con lo que esta palabra significa: «Afecto personal, puro y desinteresado, compartido con otra persona, que nace y se fortalece con el trato».

Y no es que no seáis buenos amigos, no es eso, sino que la gran barrera emocional y de protección de sentimientos, condicionada por la educación y sociedad en la que os habéis criado, no os ha dejado fluir y abriros libremente y sin prejuicios a este tipo de relaciones desde vuestra esencia más profunda, permitiéndoos ser vosotros mismos. Para muchos hombres la amistad está relacionada con el interés y utilidad de tener a otra persona en su vida; o por placer, cuando sienten que necesitan evadirse de su realidad sin importar demasiado con quién.

Resumiendo: que utilizan la palabra «amistad» de una forma frívola, sin fundamento y basada en las apariencias.

Vamos a ver cómo pasar de esa superficialidad que, como digo, no es algo que te venga de serie, sino que forma parte de la sociedad que te ha cargado con una enorme coraza, alejándote de tu mayor fortaleza, que reside en tu fragilidad, a vivir todo el potencial que tiene el hecho de permitirte llegar a un nivel de AMISTAD VERDADERA en tu crecimiento personal y profesional.

PRIMER TABÚ QUE TIENEN LOS HOMBRES DE ENTRE 40-55 AÑOS CON LA AMISTAD

A continuación, voy a desvelarte cuáles son esas corazas que terminarán convirtiéndose en tabúes con la amistad, si no eres consciente de ellas.

Antes de hacerlo, me gustaría aclararte qué es un tabú: la palabra hace referencia a lo que está prohibido hacer o decir, ya sea por convicción o convención personal, religiosa, psicológica e incluso social. Lo que para algunas sociedades o culturas puede ser algo admitido con naturalidad, es para otras un motivo de rechazo y prohibición. Incluso en el más estricto ámbito de lo personal, alguien puede decir que de cierto asunto no quiere hablar porque se trata de un «tema tabú» para él.

Quédate con esta última definición, «tema tabú, del que no quieres ni hablar», ya que de esta definición parte el concepto de lo que vas a ver por aquí: desde cómo te han educado para ser amigo, hasta por qué te da tanto miedo abrirte y expresar lo que sientes, pasando por cuales son las barreras emocionales que tienes con la amistad, protegiéndote y siendo superficial para estar tranquilo.

CÓMO ME HAN EDUCADO PARA SER AMIGO

Estás mucho más condicionado de lo que crees a la hora de relacionarte, y la presión de la sociedad sigue siendo un obstáculo insalvable para muchos. Si es tu caso, si te preocupa sentirte vulnerable, rechazado o excluido de tu círculo social, es muy probable que el Síndrome de Solomon tenga mucho que ver en ello.

Las personas afectadas por el Síndrome de Solomon creen que su valor depende de lo poco o mucho que las personas de su entorno le valoren, y valoren su conducta. Indica una baja autoestima y falta de confianza en uno mismo. Este síndrome se caracteriza porque la persona evita tomar decisiones o tener conductas que le hagan destacar o sobresalir sobre los otros. Es decir, que haces lo que haces condicionado por lo que hace la mayoría y que no tiene por qué ser lo que deseas hacer tú.

Esta es la raíz del conflicto que gran parte de los hombres tenéis con sentiros vulnerables y «poco masculinos»:

> *Si realmente siento cariño, respeto, admiración por otro hombre o mujer, ¿cómo voy a demostrarlo abiertamente? ¡Uf, no sea que piensen que soy lo que no soy! Pero… ¿quién soy? Si solo estoy aparentando ser, para que esta sociedad no me tache de…, mejor me quedo como estoy y, simplemente, somos conocidos y «amigos a mi manera», manteniendo distancia sin expresar sentimientos que no sean acordes a mi educación y que puedan comprometerme.*

Si te pregunto si alguna vez te has hecho esta trascendental pregunta —¿Quién soy?—, ¿qué me responderías? ¿Sí o no? Y si te pregunto si te has tomado tu tiempo para reflexionar sin pensar en nadie más que en ti y en quién tú crees que eres, o has tenido que suponer que es lo que otros responderían a esta pregunta sobre ti, ¿cuál sería tu respuesta?

Te lo pregunto con la intención de saber si esta ha sido la que, desde tu responsabilidad, has sido consciente que te estabas dando. Me explico: si la has dado después de reflexionar sobre quién eres o quién crees que eres realmente, tomándote tu tiempo de mirar hacia tu interior, permitiéndote estar cerca de ti, escuchándote, sin estar condicionado ni influenciado por tu entorno, familia, amigos, por tu pasado, por la educación que has recibido y que tú no has podido elegir… o has tenido en cuenta lo que otros responderían, sin plantearte lo que te acabo de comentar. Si esta ha sido tu respuesta, si has tenido que suponer qué es lo que otros responderían a esta pregunta sobre ti, déjame decirte que estás mucho más condicionado por lo que piensan y dicen los demás sobre ti de lo que crees. Y volverte a preguntar «quién soy», teniendo en cuenta lo que acabas de leer, sería un primer paso para que seas tú quien tenga algo más de claridad sobre ti, sobre quién eres.

Si te atreves a hacerte esta pregunta y a ser responsable de tu respuesta, puede que te sorprendas sobre lo poco que sabes acerca de ti, y de lo mucho que has vivido influenciado por todo lo que te han enseñado cuando eras un niño; para que te protegieras de la sociedad y te moldearas a lo que se supone que tienes que hacer manteniendo oculta tu verdadera esencia, tu yo interno.

Si has sido sincero contigo mismo, serás consciente de que esa educación que has recibido no está alineada a tu forma de ser, ni de pensar. Lo que has estado haciendo, hasta ahora, ha sido vivir en un papel secundario sin ser el protagonista de tu propia vida; sin permitirte ser tú mismo por miedo al rechazo social.

¡Ojo! Está bien ser socialmente aceptable y aceptado socialmente, formar parte de un grupo o colectivo. Somos seres sociales por naturaleza y necesitamos de esta interacción para seguir creciendo y evolucionando. Pero teniendo tu propio criterio, respetándote a ti mismo como persona y siendo coherente con lo que dices y haces. Y con el círculo de amistades que te complementan, ese en el que puedes ser una persona auténtica: amistades que estarán cerca de ti, te entenderán, respetarán y apoyarán, aun pensando diferente a como tú piensas.

Anímate a preguntarte «¿Quién soy?» y a ser sincero contigo mismo, a dejarte llevar por tu deseo de vivir una vida a tu manera. Una en la que seas feliz y libre para poder conocerte y actuar en armonía con tu forma de entender la vida.

Te aseguro que, si te permites este acto de AMOR y RESPETO hacia ti, notarás un cambio de mentalidad: la visión de ti mismo se *reseteará* y vivirás una vida equilibrada, alineada a quien eres y a lo que esperas y deseas de la vida, alejando esos tabúes que te han tenido condicionado durante tanto tiempo.

¿CUÁLES SON LAS BARRERAS EMOCIONALES QUE TENGO CON LA AMISTAD?

¿Crees que mostrándote como eres la otra persona te juzgará? ¿No entenderá el porqué de tu comportamiento? ¿Cuántas veces has querido expresar tus emociones con naturalidad, serenidad y agradeciendo a esa persona que, en un momento delicado de tu vida, ha estado ahí? O quizá por haber estado en un momento de inmensa alegría…

Las barreras emocionales y bloqueos mentales están muy alejados de tu verdadera esencia. Son procesos que tienen como objetivo protegerte de una situación que te desborda, con la que no te sientes tranquilo ni cómodo. En situaciones con elevada carga emocional prefieres protegerte, aislarte y hacer como que no pasa nada. Pero realmente sí que pasa: estás luchando con esa voz interior que te dice que algo no está bien; que lo que te enseñaron de pequeño no es la realidad que tú vives dentro de ti; que esa coraza que llevas te está ahogando y dejando sin respiración por no permitirte ser quien eres… por no ser quien te gustaría ser.

Cuando te permites escuchar esa voz interior que te pide a gritos desbloquear esas barreras emocionales que tienes con la amistad, que te permitas aflojar y soltar esa coraza que llevas y no te deja respirar como tendrías que hacerlo, es cuando entiendes que llevas demasiado tiempo desconectado de ti mismo, siendo tu peor enemigo, alejándote de tu realidad, haciéndote vivir en un mundo en el que no has tenido muchas opciones para conocerte y lo habitual ha sido dejarte llevar e influenciar por los demás. Será en ese momento, cuando te permitas escucharte sin juzgarte, entendiendo y respetando tus emociones, cuando esas barreras emocionales comenzarán a desvanecerse y a darte permiso para disfrutar de la relación de amistad que tienes contigo mismo. Esa que has mantenido oculta y no has querido escuchar, ni permitirle dejarte saber quién eres. Al hacerlo, te has obligado a ti mismo a ser un desconocido… para los demás, pero sobre todo para ti.

Desbloqueando esas barreras emocionales, comenzarás a tener verdaderas relaciones de amistad y aprenderás a apreciar lo mucho que estas pueden aportarle a tu vida personal y profesional.

SI ME PROTEJO Y SOY SUPERFICIAL, ESTOY TRANQUILO

Este punto es muy interesante y es con el que, seguramente, te sientas más identificado. Como he comentado en el punto anterior, tu barrera emocional te protege y te hace ser superficial. Ya que no estás por la labor de cambiar, estarás tranquilo mientras alejes a esa vocecita interior que te dice que ese no es el camino, mientras escuches a la que te está diciendo «Sigue así, protegido y siendo superficial, y verás cómo la vida te sonríe, eres feliz y la paz y armonía que buscas te acompañarán todos los días».

¡Gran error, querido amigo! Seguir ese desacertado consejo que viene de tus autosabotajes, de tu ego, ese *pequeño gran monstruo* que no busca, precisamente, hacerte la vida feliz. Si te proteges y eres superficial, déjame decirte que no podrás estar tranquilo, ya que en tu manera de relacionarte con los demás no estarás siendo honesto contigo. No podrás tomar las decisiones que te gustaría tomar, porque tu criterio a la hora de hacerlo estará condicionado a esa protección y superficialidad que has ido alimentando y haciendo fuerte durante todo este tiempo. Y que cualquier decisión que tomes estará basada en lo que los demás esperan de ti… y que tú les darás, desees o no hacerlo, porque es lo que has hecho siempre y piensas que es mejor seguir haciéndolo. Si lo analizas, querido amigo, eso no es precisamente buscar tu tranquilidad o tu propio deseo, ¿verdad?

POR QUÉ TE DA TANTO MIEDO ABRIRTE Y EXPRESAR LO QUE SIENTES

Me gustaría animarte a la reflexión… tómate tu tiempo, no tengas prisa en buscar la respuesta a esta pregunta, ya que de ella saldrán muchas conclusiones que pueden cambiar tu vida y tu forma de actuar.

Cuando tengas tu respuesta, piensa realmente si viene de ti o de lo que otras personas piensan sobre ti. Es decir, si tu miedo a abrirte y a expresar lo que sientes es más bien por el *qué dirán*: «Me van a juzgar si hago o digo algo que no es lo que esperan de mí». Si es esto, tienes todo mi respeto y apoyo por permitirte sentir miedo a abrirte, y te animo a que des el paso siguiente a hacerlo. Sin prisa, pero siendo consciente y responsable de que estar condicionado por los demás es una forma de anularte a ti como persona; de anular a tus emociones y sentimientos, a la forma en la que te gustaría vivir tus relaciones y tu vida.

Es normal que sientas miedo a abrirte a los demás cuando no te han educado para hacerlo, cuando expresar cómo te sientes ha sido un tabú para ti desde que empezaste a ser un adolescente y dejaste atrás a ese niño que podía exteriorizar sus emociones, sentimientos y anhelos. Un tabú con el que has ido creciendo y olvidándote de ti.

Tomar las riendas de tu vida y responsabilizarte de ella lleva su tiempo, por lo que ser consciente de ese miedo ya es todo un logro para ti. Entender que ese miedo te anula como persona y no te permite vivir tus relaciones como te gustaría, es el siguiente paso que tendrás que dar y que solo vas a poder dar tú, sin juzgarte y permitiéndote entender que cada persona necesita su tiempo, sus procesos. Que aprender a cumplir tus expectativas, y no la de los demás, es algo que no te han enseñado. Tendrás que lidiar con ello para superar ese miedo a abrirte y a expresar cómo te sientes. Una vez lo hagas, verás que ese miedo a abrirte y a expresar lo que sientes irá disminuyendo, permitiéndote ser el responsable de ti, de tus emociones y sentimientos, permitiéndote vivir tus relaciones y tu vida como te gustaría vivirlas.

SEGUNDO TABÚ: POR QUÉ, EN EL MUNDO DE LOS NEGOCIOS, EXPRESAR SENTIMIENTOS, SER EMOCIONAL Y COMPARTIR ES POCO PROFESIONAL —VISTO DESDE ESE PRISMA DEL YANG SIN EL YIN—

«Si soy percibido como sensible o tierno, mi imagen es de poca determinación, decisión y acción. No tengo criterio propio, ni tomo decisiones con la cabeza fría, ya que estoy fluyendo según lo que me haya pasado con tal o cual relación, sea o no de amistad». Eso, en el mundo de los negocios, no está bien visto y es poco profesional. Es así, ¿verdad? A continuación, voy a hacer hincapié en lo absurdo de este mensaje con el que los hombres os habéis criado y el cual os cuesta soltar... siempre desde el respeto, por supuesto.

¿QUÉ PASARÍA SI EXPRESARA LO QUE SIENTO?

Si estás ahí leyendo este libro, seguramente es porque seas un hombre al que le gusten los negocios, ¿correcto? Un hombre de acción, y que busca que esa acción sea ejecutada con alegría. Existe un puente entre el pensamiento y la acción, que es la EMOCIÓN. Entonces, me pregunto y te pregunto: ¿Es eso posible si la persona no expresa sentimientos, es fría, está oculta tras una máscara que le hace ser percibida como distante, alejada del mundo real y que no tiene «alma»?

Yo tengo muy clara la respuesta, ¿y tú? ¿Tienes claro qué pasaría si expresaras lo que sientes, si te permitieras cruzar ese puente entre el pensamiento y la acción liberando tus emociones? Quizá te sorprendas gratamente de lo que hay al otro lado, que comiences a sentir desde tu «yo» más profundo, desde tu esencia, desde tu libertad personal; sin condicionamientos por tu educación, por la sociedad o por ti mismo.

¿O prefieres seguir como hasta ahora, con acción, pero sin emoción, sin alegría, viviendo tras una coraza? Sin sentir realmente todo el potencial que hay dentro de ti y la complicidad que encontrarías en personas que actúan y piensan igual que tú. Personas que llegarían a ser grandes amigos y con los que podrías compartir tu conocimiento y experiencia, personal y profesional. ¿Crees que ambos creceríais? Y vuestros negocios crecerían fluyendo, ¿verdad?

Te invito a que reflexiones sobre qué pasaría si expresaras lo que sientes, y el por qué hasta ahora no has podido hacerlo. ¿Realmente sería tan grave lo que pasara? Y las personas que estén cerca de ti cuando lo hagas, ¿crees que te rechazarían por mostrarte tal cuál eres, que dejarías de crecer y te quedarías estancado y sin saber muy bien cómo afrontar tu vida profesional? ¿O quizá te valorarían y respetarían más, te serviría para crecer y evolucionar personal y profesionalmente?

Yo tengo clara mi respuesta. Valora la invitación a reflexionar que te hago y sé responsable de ti, de tus acciones. Ten en cuenta que toda acción trae su consecuencia, y si piensas que no hacer nada es lo mejor, tengo que decirte que eso que has decidido hacer —no hacer nada—, ya es una elección que has tomado y que traerá unas consecuencias. No digo que sean buenas, ni que sean malas: eso tan solo podrá decirlo el tiempo. Pero si tú le ayudas con tus acciones, estoy segura de que te será más fácil poder reconducir tu vida personal —y profesional— hacia donde te gustaría.

SI FLUYO DEJARÉ DE SER BUEN PROFESIONAL

La RAE (Real Academia Española), define «fluir» como «Dicho de una idea o de una palabra: brotar con facilidad de la mente o de la boca». Si hacemos caso a esta definición, podemos deducir que *fluir* es encontrar la mezcla perfecta entre la creatividad, la acción, la comunicación y el resultado final de lo que te propongas. Y todo de una manera natural, fácil… FLUIDA. ¿Correcto? Entonces… ¿Por qué a los hombres de negocios les da tanto miedo fluir y piensan que, haciéndolo, no serán buenos profesionales? ¡Si es precisamente lo contrario! Fluyendo todo es mucho más fácil y el negocio crece desde el sentido común y la realidad de la persona que está dejándose fluir.

¿Te has preguntado alguna vez que es lo que diferencia a un excelente profesional de un mal profesional? Yo sí que me lo he preguntado, y he llegado a la conclusión de que una de las cosas que tienen en común los excelentes profesionales es dejar que fluya la vida; analizan las cosas que les pasan, las aceptan y se permiten ser creativos, actuando sin someterse a unas normas de conducta demasiado rígidas, que lo único que hacen es bloquear y paralizar a la hora de cumplir objetivos. Fluir… con un cierto control, sí; pero no llevándolo al extremo de bloquearte por estar más preocupado del por qué no lograrías cumplir los objetivos, de tenerlo todo bajo control cuando eso no está a tu alcance, ni depende de ti. Si dejas fluir, dentro de ese «descontrol controlado», los objetivos se irán concretando y consiguiendo.

Como ves, dejar que fluyan las cosas —descontrol controlado— es lo que te diferenciará del resto de profesionales, lo que te hará sobresalir del resto, convirtiéndote en un excelente profesional.

TENER EL VALOR DE LA AMISTAD ES «ABSURDO» PARA MI NEGOCIO

Piensas que es absurdo tener un amigo al que admiras como profesional y como persona, con el que te sientes tranquilo, con total libertad y plena confianza para hablarle sobre tu negocio y sobre cómo podríais fusionar ambos. Pero ¿con quién mejor para trabajar, colaborar y hacer crecer juntos vuestros respectivos negocios, que con un amigo?

La amistad es uno de los valores que más te va a ayudar a crecer en tu negocio. Hablo desde mi experiencia y estoy segura de que tú, que estás ahí leyendo esto, en algún momento de tu vida has recurrido a algún amigo que te da tranquilidad y que te ayudará a mejorar. Un *win-win*: ganar-ganar. Si solo busca ganar él o buscas ganar tú, déjame decirte que eso no tiene nada que ver con el valor de la amistad y es, simplemente, utilizar a la otra persona para un objetivo propio, sin más. Esa colaboración tiene muy poco futuro…. Si te ha pasado alguna vez, sabrás de lo que te estoy hablando. Por eso, personalmente, creo y apuesto tanto por el valor de la amistad para que mi negocio siga creciendo. Es la mejor manera que conozco para hacerlo.

SI COLABORO CON LOS AMIGOS, DEJO DE SER BUEN PROFESIONAL

Si eres buen profesional, ¿vas a dejar de serlo por colaborar con un amigo? Si dos buenos amigos, profesionales cada uno en su actividad, se unen y colaboran, afianzarán su amistad y muy probablemente el negocio de ambos. A veces hay que ser generoso y colaborar con un amigo que te pide ayuda. Cuando llegue el momento, estoy segura de que él o ella sabrá estar a la altura para colaborar contigo cuando tú lo necesites —si lo necesitas—. Ser buen profesional y colaborar con amigos, engrandece a la persona que colabora desinteresadamente por mejorar la vida y el negocio de su amigo.

¡Ojo! No estoy diciendo que trabajes siempre gratis y solo colabores. En ese caso sí que dejarías de ser buen profesional, ya que serías un amigo en la sombra que no está mirando por su negocio, tan solo haciendo favores sin percibir compensación económica, que es la base y el objetivo final de todo negocio… ¡Por eso es un negocio, si no sería una ONG o un *hobby*!

TERCER TABÚ: QUÉ TE APORTARÁ A TI Y A TU NEGOCIO TENER VERDADERAS RELACIONES DE AMISTAD

Antes de escribir este artículo, he estado charlando con amigos hombres sobre amistad y qué significa para ellos y para su vida. Las respuestas han sido variadas, desde los que me han dicho que, realmente, amistades verdaderas no tienen, que lo que tienen son «amigos de batalla», hasta los que me han dicho que, para ellos, la amistad es un sentimiento que crea un vínculo especial que, gracias a sus amistades, son lo que son y no las cambiarían por nada del mundo. ¡Que una verdadera amistad no tiene precio!

Ese es el sentimiento con el que me gustaría que te quedaras después de leer este artículo, de todo lo que puede aportarte a ti como persona, a la sociedad y a tu negocio si te permites abrirte a verdaderas relaciones de amistad, compartiéndote a través de ellas.

¿QUÉ ME APORTA A MÍ TENER VERDADERAS RELACIONES DE AMISTAD?

Vuelve a tu infancia por un momento, en la que jugabas con tus amigos sin ningún condicionamiento por parte de los adultos. Os contabais vuestros sueños, secretos, os peleabais y apoyabais cuando era necesario, ¿es así?

Sigue viajando a tu adolescencia. ¿Qué clase de amigos tenías? ¿Seguían siendo amigos de verdad con los que podías ser tú o empezabas a cerrarte y a ponerte la coraza de la masculinidad, con prácticamente emocionalidad cero, para que no te percibieran como sensible? Ahora, hazlo con los amigos que tienes de adulto. ¿Sigues sin poder ser tú, ese niño inocente que jugaba y no tenía complejos con sus emociones?

Deja de viajar, y mira tu realidad. ¿Crees que, si hubieses seguido manteniendo a ese niño durante todo este tiempo, tus relaciones de amistad verdadera harían tu vida más placentera y feliz? ¿Qué prefieres? ¿A ese niño feliz, sin complejos, libre de ser quién es, o a un adulto condicionado y acorazado? Si has contestado lo primero, ¡enhorabuena por tu respuesta! Estás permitiéndote vivir tu vida desde tu esencia y a tu manera, sin estar condicionado por lo que los demás puedan pensar sobre ti. Has conseguido llegar a ese punto de equilibrio y armonía que te acercará a tener una vida plena y feliz, que es lo que todos vamos buscando y que tú estás más que encaminado a lograr.

Si has respondido lo segundo, todavía tienes un apasionante viaje de autoconocimiento por delante. Cuando llegue tu momento, sabrás apreciar todo ese conocimiento que está dentro de ti. Mientras llega esa fascinante aventura, disfruta de tu viaje sin juzgarte, aprendiendo a entender que si las relaciones de amistad que tienes actualmente no son algo prioritario para ti, es porque hoy por hoy no forman parte importante en tu vida y lo que te están aportando es más que suficiente para ti. En un futuro se verá si decides ser un niño sin complejos y libre de ser quién otros esperan que sea, o prefieres mantenerte tal cual estás ahora sin plantearte nada.

Y A MI NEGOCIO, ¿QUÉ LE APORTAN LAS RELACIONES DE AMISTAD?

Cuando hay conexión y complicidad con un profesional que, antes que profesional, es persona, es fácil que cualquier tipo de colaboración fluya, ayude y contribuya a disparar los buenos resultados de ambos negocios. Si tu amigo es esa persona, te aportará su conocimiento y experiencia para que tú y tu negocio os enriquezcáis de todo ello, por lo que tu negocio verá incrementados sus beneficios, al igual que lo hará el suyo. Amistad es igual a multiplicar resultados y beneficios.

¿Estás de acuerdo con esto que acabas de leer? ¿Crees que las relaciones de amistad multiplican resultados y beneficios, o piensas que es todo lo contrario? Es decir, que las relaciones de amistad restan los resultados y, por tanto, los beneficios que obtendrías si decidieras trabajar con un amigo.

Si tus relaciones de amistad te han restado beneficios y resultados, plantéate por qué ha pasado eso. Si realmente esa amistad era una amistad que iba buscando aportarte a ti y a tu negocio, o era exclusivamente un aporte beneficioso para sí misma, sin ser profesional a la hora de hacerlo. Que decidas colaborar con un amigo no implica ser mal profesional, como ya te he comentado antes. Precisamente, ser un buen profesional es lo que te da esa tranquilidad para colaborar con él, y que sea una amistad aumenta la complicidad que aporta ese beneficio y multiplica los resultados para ambos.

SI ME COMPARTO CON MIS AMIGOS, ¿QUÉ APORTO A LA SOCIEDAD?

Cada vez somos más los que estamos trabajando y poniendo todo de nuestra parte para crear un mundo mejor, más humano y feliz. Si tú te compartes con tus amigos y os proponéis contribuir a ese objetivo en común que todos tenemos, esta sociedad será mucho mejor, ¿no crees? Aportando tu granito de arena, contribuirás a crear una gran montaña de felicidad. Estoy segura de que tienes muchas cosas que aportar y compartir con tus amigos y con esta sociedad; que hasta ahora no has compartido por todos los tabúes que han ido creciendo contigo y haciéndose cada vez más y más fuertes dentro de ti.

Tabúes que, como has visto por aquí, han sido los grandes desencadenantes de una vida que no has podido vivir desde tu libertad, desde la consciencia de tus deseos, ya que ellos han estado reprimidos por una sociedad que, lejos de buscar lo mejor para ti dejándote volar solo y fluir como te hubiese gustado hacer, lo que ha hecho ha sido ir alejándote de ti, de tu esencia, de tu inocente y feliz infancia, en la que no estabas condicionado por nada ni por nadie para hacer lo que querías hacer. En la que eras tú viviendo felizmente contigo, con tus amigos, y buscando creativamente la manera de hacer que tus deseos se fueran cumpliendo, permitiéndote disfrutar de cada momento que estabas viviendo y experimentado la satisfacción de aprender cómo hacer que se cumplieran.

La educación que has recibido y que ha ido fomentando seguir como hasta ahora; que te dice que esa es la mejor manera de que todo te vaya bien; que ha ido potenciando tu autoengaño y que solo irá perdiendo fuerza y sentido cuando aprendas a responsabilizarte, entendiendo que tus acciones deberías hacerlas desde tu libertad y no desde el condicionamiento, aquí quiero hacer hincapié en que es probable que tú no hayas sido consciente de este condicionamiento. Espero que cuando termines de leer esto, si ese es tu caso, comiences a serlo. Tienes la ocasión de poder contribuir y compartir con los demás, de comprobar por ti mismo los múltiples beneficios que traerá a tu vida hacerlo, para ti y para la sociedad.

Compartiéndolo con tus amigos, estaréis contribuyendo todos a enriquecer a las personas que os rodean. Estas, a su vez, lo harán con las personas que las rodean a ellas y, poco a poco, se irá creando una cadena en la que todos nos aportamos a todos. Crecemos, y crecemos en la creación de un mundo mucho más amigable y lleno de personas que entienden que aportar, compartirse y sumar a los demás, es algo sencillo, necesario y que está al alcance de cualquiera. Y que se convertirá en algo habitual si ponemos todos de nuestra parte.

¿CUÁNTO VALE PARA MÍ LA AMISTAD?

Quizá no te hayas planteado nunca esta pregunta, o tal vez sí, pero antes de responderla te invito a que reflexiones sobre las relaciones de amistad que tienes y sobre cómo has evolucionado en ellas. Si son realmente las relaciones de amistad que te gustaría tener en tu vida, con las que te sientes realizado, con las que puedes ser tú mismo, libre para expresarte; relaciones como las que has ido viendo por aquí, que aportan a tu vida sumando y multiplicando resultados y experiencias de crecimiento y disfrute, en las que no hay prácticamente tabúes.

O, por el contrario, son relaciones tan superficiales que ni siquiera te planteas ponerle un precio a algo que aporta muy poco a tu vida, ya que si desaparecieran de ella seguirías igual o incluso mejor de lo que estás actualmente.

Una vez que tengas claro el tipo de relaciones de amistad que tienes en tu vida, y si son o no las que quieres para ti, es el momento de responder la pregunta: ¿Cuánto vale para mí la amistad?

Esta pregunta solo tú puedes responderla. Espero que el precio sea muy elevado o, como es mi caso, no lo tenga. Pero eso solo lo sabrás tú. Espero que con lo que has ido viendo por aquí, hayas sacado tus propias conclusiones del potencial que tiene permitirse llegar a ese nivel de AMISTAD VERDADERA en tu crecimiento personal y profesional. Cómo la amistad suma, o más bien, multiplica ese crecimiento de una forma exponencial.

Si después de leer este artículo, has reflexionado y sentido que tus tabúes se han disipado, aunque haya sido un poquito, ¡bravo, querido amigo! Si no, no pasa nada: simplemente todavía no es tu momento. Ya llegará. Si sigues en este camino de autoconocimiento y crecimiento personal y profesional que has iniciado, estoy segura de que esos tabúes desaparecerán, dando paso a tu libertad emocional. La amistad regala momentos de alegría y felicidad, de evolución y crecimiento personal y profesional, a quien se permite vivir sus relaciones de amistad desde su esencia y libertad, desde su chispa de vida y alegría.

CÓMO COMUNICAR EN TU SITIO WEB PARA LLEGAR A LAS PERSONAS QUE TE NECESITAN

Pablo Ape
Diseñador Web para profesionales del desarrollo personal
www.reinvencionweb.com

¿Llegar a las personas que te necesitan? ¡Claro! Todos tenemos talentos que aportan mucho valor y que pueden ayudar a otras personas a vivir mejor. En el Siglo XXI, las cosas han cambiado un poco —bastante— y creo que, en muchos de los casos, para bien. Hoy vivimos en un mundo en el que cada vez más personas están tomando consciencia de su ser, de que pueden vivir una vida de acuerdo con sus valores y convicciones. Y esto, por suerte, se traslada a numerosos proyectos que yo denomino MARCAS CON ALMA, con personas dispuestas a transformarlo todo.

A este tipo de personas, entre las cuales me incluyo, por supuesto, ya no les alcanza con tener, acumular y perseguir una seguridad inexistente. Quieren mejorar, transcender, ayudar y COMUNICAR una forma diferente de conseguir su propio éxito, en base a que otros lo obtengan primero. Y, lo mejor de todo, tienen su propia definición para describir el éxito.

Para todos ellos —y para ti, querido lector—, la oportunidad que nos trae estos tiempos es Internet. Seguro que te suena.

Como me gusta decir, la tecnología bien utilizada es, sin duda, una gran aliada en nuestras vidas. Todo depende, obviamente, del propósito —palabra que leerás aquí en muchas ocasiones— para el cual ha sido desarrollada. Un cuchillo podrá ser utilizado para dañar o para preparar la más exquisita comida. Un canal como Internet podrá ser una puerta para alimentar —y engañar— a tu propio ego, o una mano extendida hacia otro ser humano en cualquier parte del planeta. La intención y el propósito lo serán todo.

Hacerse un lugar en un canal tan gigantesco no será fácil, como te podrás imaginar: no se tratará solo de montar una tarjeta de presentación online. Y más, habiendo miles de profesionales ofreciendo su valor. El mundo web puede parecerte raro, confuso y totalmente caótico. Sí, algo de eso es. Pero también es un espacio para globalizarnos de manera sana y amorosa y llegar a personas que nunca tendríamos la oportunidad de conocer. Y no solo eso, sino para ayudarlos también.

Existen métodos, estrategias y técnicas para que posicionarte sea casi una garantía. Una página web profesional será la mejor forma de llevarlo a los hechos. Es totalmente posible ganar visibilidad y diferenciarnos, si sabemos estructurar nuestra página siguiendo aspectos que, para mí, son elementales. Intentaré volcarte mis más de diez años de experiencia en este espacio. Quiero presentarte a continuación diez aspectos fundamentales para que reflejes en tu página web tu esencia más profunda. ¡Vamos a ello!

DIEZ ASPECTOS ESENCIALES PARA QUE TU WEB COMUNIQUE TU PROPÓSITO

No voy a ponerme muy técnico, ni voy a intentar explicarte cómo montar una página web en el capítulo de un libro, porque rozaría lo absurdo. Hay cuestiones que son prácticas y no hay nada que hacer. Un curso online realizado a conciencia y en detalle, te llevará a quitarte cualquier tipo de duda y poner tu web en línea.

Pero una web no solo es código, diseño, estrategia y comunicación. Existen varios detalles anteriores que son muy importantes. Lo esencial de una web son los valores, las ideas, las propuestas, las soluciones y, en definitiva, las personas que hay detrás de cada proyecto. ¿Te has puesto a pensar por qué preferimos trabajar con un profesional y no con otro?

Entre otras cosas, un mensaje que deje claro lo más elemental de nuestra forma de ser y de ver el mundo, será en sí mismo una marca potente que marque la diferencia. Podemos compartir profesión con miles de colegas, pero si dejamos ver nuestra impronta y nos brindamos al máximo, seremos sumamente *recordables*. Cada vez que tengo oportunidad, cito la siguiente frase de un gran autor como Risto Meijide, de su libro *Urbrands*[22], que se guardó en mi memoria y que sin duda merece la pena compartir:

Eres lo que haces. Eres lo que dices que haces.
Pero también eres lo que recuerdan de ti.
Y, sobre todo, eres lo que esa gente siente cuando lo recuerda.

Para ser recordado como profesional, considero que tener un propósito claro hace que nuestra energía fluya de otra manera y que traspase cualquier barrera. Incluso la pantalla de un ordenador. En mis cortos treinta y seis años —edad con la que escribo este artículo— y en mis más de diez en el canal digital, lo he comprobado. He pasado muchos años de mi vida —más de doce— trabajando sin un propósito detrás, soñando en pequeño y utilizando mi energía laboral al servicio de mis miedos —pagar las facturas y poco más—.

Hasta que un buen día, DECIDÍ entender que estamos a un paso de transformar cualquier realidad, si somos capaces de mirar hacia dentro. Una vez que sepamos nuestra causa, será cuestión de ponernos al servicio de los demás. Ese será, si así lo quieres, tu motor principal.

Por eso quiero contarte sobre cuestiones más profundas y otras de índole práctico, que harán que tu página web destaque sobre el resto. Allá vamos.

[22] *Urbrands*, Risto Mejide. Editorial Espasa, 2014

1. AMA LO QUE HACES

Puede que amemos naturalmente lo que hacemos, o puede que hayamos elegido nuestra profesión siguiendo algún mandato, en busca de salidas rápidas. Si has tenido la suerte de crecer en un contexto en el que se hablara de amor por uno mismo, por los demás y por lo que hacemos cada día, puedes considerarte una persona afortunada.

En muchas generaciones de familias, este marco no se ha hecho presente, pero me gusta pensar que el contexto no determina nuestro destino. La realidad es que siempre estamos a tiempo de amar lo que hacemos… y de reinventarnos. A nosotros y a nuestros trabajos.

En general, hablar de amor en las escuelas o en las universidades tampoco está bien visto. Diría que, en la mayoría de las ocasiones, ni siquiera se contempla la posibilidad de saber primero qué es lo que nos apasiona y que llevaríamos a cabo con amor. Es un grave error, porque el amor es la energía que predomina en la naturaleza; es la que nos hace avanzar y la que nos permite sentirnos en plenitud.

Quizá no sea necesario cambiar la tarea que realizamos, sino su enfoque. Al final, es encontrar esa chispa de la vida que todos llevamos dentro. Si amas lo que haces, esto se transmitirá en tus textos, en tus imágenes, en tus vídeos y, sobre todo, en las soluciones para tus clientes. Es muy fácil darse cuenta cuándo un profesional tiene vocación de servicio y emprende desde el amor y la pasión.

No dejes pasar la oportunidad de amar tu trabajo. Si amas lo que haces estarás ayudando a otros a vivir mejor, sea a lo que sea que te dediques, y eso se transmitirá irremediablemente en tu página web.

2. CUÁL ES EL PROPÓSITO DE TU PROYECTO Y EL MAYOR OBJETIVO

¿Tu mayor objetivo con tu proyecto es ganar dinero? ¿De verdad? Si es así, es tiempo de plantarse ir dejando viejos paradigmas de lado y guardarlos con llave en el armario. Se necesita gente apasionada, con ganas de ayudar, de transformar, de hacer crecer. Gente con propósito.

Todos, y por supuesto me incluyo una vez más, queremos vivir con ciertas comodidades que se pagan con dinero. Gran obviedad. El dinero en sí es neutro, no es ni bueno ni malo… el concepto es similar al ejemplo del cuchillo que te mencionaba antes. Depende cómo y para qué lo utilicemos.

Creo fervientemente que la obtención de los recursos que necesitamos para un buen pasar por esta vida —entre ellos, el dinero— tiene más que ver con la cantidad y la calidad de energía que seamos capaces de mover para favorecer a otros. Estoy convencido que la abundancia económica es consecuencia directa de todo el valor que seamos capaces de aportar desinteresadamente. Dar por el hecho de dar. Así evitamos que nuestro amigo el ego, junto a su primo el miedo, nos digan que hacemos el tonto si damos más de lo que se nos paga.

¿Cuánto tiempo demorará en manifestarse dicha abundancia? No lo sabemos… Lo que sí es seguro es que los proyectos con propósito están destinados a contar con lo que necesitan. ¡Pero cuidado! No hay que confundir estas afirmaciones con ficción, porque no hay nada místico aquí: tengo la certeza de que ocurren cosas increíbles que rozan lo mágico cuando nos convertimos en hacedores con el fin de mejorar las cosas. Una persona con propósito puede mover montañas.

Puntualizando en tu web, tu propósito debe quedar plasmado en todas las páginas, para conectar todas las veces posibles con tus potenciales clientes.

La que primero se te vendrá a la mente es la página de «Sobre mí» o con un nombre similar. Y está bien. Pero te recomiendo que cada página de tu web tenga un bloque que refleje tu propósito y máximo objetivo.

No te repitas: intenta relacionar cada contenido de cada página con un mensaje sobre tu propósito. Cada sección es diferente y tiene un particular objetivo para conectar con tu público. Aprovecha para expresar todo lo que tienes que decir. Las personas conectan mucho más contigo y con tu forma de ver la vida que con lo que haces.

3. DEFINE A TU CLIENTE IDEAL: CÓMO PIENSA Y QUÉ COSAS SUEÑA

Ayudar a todo el mundo es lo mismo que no ayudar a nadie en concreto. Así de simple. Es verdad que depende de cada caso, de cada nicho de mercado, de cada profesión. De todas formas, y en general, una buena estrategia para lograr diferenciarse de la competencia es especializarnos en un campo específico de nuestra materia. Este método de especialización consiste en tomar una porción del mercado al que nos dirigimos, o una herramienta en concreto de nuestra área de conocimientos y enfocarnos en ello. De esta manera, es mucho más fácil y rápido posicionarte como un experto.

Generar los contenidos para tu web puede ser una tarea muy fluida si sabes a qué perfil de usuario le estás hablando. Y también más eficiente. Las personas necesitamos que nos entiendan, queremos sentir que nos escuchan e invertir nuestro dinero en proyectos que realmente resuelvan nuestro mayor problema.

Conocer y definir a tu cliente ideal es la fuente para conectar de manera real con tu audiencia y, en definitiva, con tus clientes.

Conseguirás lograr lo que todo negocio espera y sueña desde un principio: que un grupo de personas nos elija porque tenemos la solución perfecta para ellos. Tu cliente ideal es esa persona que se sentirá escuchada y menos sola al llegar a la página web de tu negocio. Se sorprenderá de ver que le has leído la mente y de haber dado en la tecla con lo que necesita.

Puntos clave para definir a tu cliente ideal:
Cuanto más detalle introduzcamos en la definición de nuestro cliente ideal, más simple te será luego comunicar en tu página web. Piensa que cualquier acción que decidas emprender en tu web, tendrá que estar basada en lo que tu público objetivo desea. Es por esto por lo que debes conocerlo en profundidad. Te presento a continuación diferentes pautas y definiciones a completar para identificar a ese perfil de cliente que te está necesitando:

1. **Piensa si tú has pasado por lo mismo.** Si ofreces solución a situaciones que has resuelto en tu vida, ¿qué mejor que incluirlo

en la definición? Es normal querer aportar a los demás desde nuestra experiencia y, además, es aprovechable porque sabemos muy bien por lo que se pasa y cómo solucionarlo. Entonces puedes empezar por describirte a ti mismo y dilucidar qué miedos son los que has superado y, en consecuencia, empezar a definir tu cliente ideal desde este punto.

2. **Haz un detalle exhaustivo de su perfil.** Reúne toda la información posible: ponle un nombre y una foto, edad, lugar de nacimiento, hobbies, poder adquisitivo, etc. Todo lo que te ayude a visualizarlo y te parezca importante para crear ese perfil:

   - ¿Qué uso le da a la tecnología?
   - ¿Qué red social le gusta más?
   - ¿Qué cosas disfruta?
   - ¿Qué libros lee?
   - ¿Qué visión y misión tiene en la vida?
   - ¿Qué lugares frecuenta?
   - ¿Qué nivel de usuario de tu posible servicio/producto tiene?

3. **Qué es lo que más le duele.** Tu tarea es identificar es problema mayor, es problema bien gordo que no deja que tu cliente ideal tenga la vida que quiere, o hace que su día a día no sea el soñado. No tiene que ser algo drástico —o tal vez sí, no lo sé—, pero seguro es algo que de cambiar haría mucho mejor la vida de tu cliente. En mi caso, por ejemplo, el miedo a la tecnología puede ser muy paralizante para no realizar otro tipo de cambios; o el hecho de no creer en poder vivir un proceso de reinvención puede ser muy frustrante. Además, también te recomiendo que identifiques otros problemas que se derivan del primero, para abarcar mucho más en este proceso y entrar en el perfil emocional de tu cliente.

4. **Qué es lo que más desea.** Además de saber y escribir lo que más le preocupa, también necesitarás conocer qué es lo que le mueve, qué lo sacaría de la silla ahora:

   - **Valores**: los valores nos definen en gran parte, todos tenemos determinadas creencias que las llevamos muy desde adentro y generalmente no las cambiamos. ¿Cuáles son los de tu cliente ideal? Es vital que intuyas y también decidas los valores que habitan en las personas con las que te gustaría trabajar y ayudar.

- **Sueños**: todos tenemos sueños, no es ninguna novedad. Pero existen unos pocos que son los que de verdad queremos lograr y, por diferentes motivos, postergamos.
  - ¿Qué haría que tu cliente ideal se levante disparado por la mañana?
  - ¿Qué es lo que marcaría un antes y un después en su vida si logra ese objetivo?
  - ¿Qué ídolos tiene?

Tú tienes el poder de ayudarlo a que lo logre con lo que amas hacer. Definir tu cliente ideal es solo el comienzo.

4. ¿QUÉ PROBLEMA VAS A RESOLVER?

Es evidente que, al montar un negocio, resolvemos algún tipo de problema. La solución a dicho problema, al más relevante, es lo que se verá de primeras en tu página *Home*. ¿Por qué? Porque, en promedio, un usuario demora menos de cinco segundos en decidir si se queda o se va de una web. Así de rápido está el tema.

Entonces, en la *Home,* que en principio es el portal de entrada a nuestra casa digital, debemos dejar claro que sabemos cómo ayudar a nuestro potencial cliente y que entendemos qué necesita. Para esto, utilizamos una frase en formato de LEMA, para comunicar nuestra principal propuesta de valor. Por darte un ejemplo, esta es la que tengo ahora mismo en mi página web:

DISEÑO WEB Y MARKETING ONLINE
PARA PROFESIONALES DEL BIENESTAR

Conseguir clientes de manera online es posible: comienza por tener una web CON ALMA que los convenza de tu valor. Como verás, he detectado que uno de los mayores problemas de estos profesionales es su dificultad e incredulidad para explotar el canal online, conseguir llegar a miles de personas y generar más ingresos.

Además, hago énfasis en un problema adyacente, que es el de no reflejar el propósito detrás de nuestro proyecto, en una página que comunique el valor que estamos dispuestos a aportar al mundo. Por eso me gusta trabajar con personas que están en constante transformación y que quieren salir de la cueva del *confort*.

Hazte tú las preguntas

No solo es interesante averiguar qué cosas son importantes para las personas que quieres ayudar con tus servicios. En un camino de introspección y cambio como lo es el emprendimiento, ya sea online o no, es habitual que te surjan preguntas que puedes aprovechar para ayudar a tus clientes.

- ¿Puedes expresar el problema en palabras de quien lo sufre?
- ¿Sabes cuáles son las emociones involucradas en él?
- ¿Puedes cuantificar el coste de no pasar a la acción —por parte de tu cliente—?
- ¿Sabes por qué estás en este camino?
- ¿Realmente quieres ayudar y trascender, o solo vas por el dinero?

Como ya te habrás dado cuenta, estas conectando con tus futuros clientes a través de imaginarte en qué situación se encuentran y poniéndote tú en sus zapatos. Vas a entregar toda tu pasión, vas a ayudar a muchas personas haciendo lo que realmente te gusta, por eso cuestiona cada paso que des, para saber si es el correcto.

Te invito a que continúes tu búsqueda ya que, como en la vida, nuestros proyectos son procesos dinámicos; y que, de lo que surja, construyas una página web con alma.

5. ESCRIBE TEXTOS HUMANIZADOS

A la hora de generar tus textos, desde mi punto de vista, es importante pensar en personas de carne y hueso. Definimos a nuestro perfil de cliente ideal en el punto anterior, por lo que ya sabemos cómo se verá tu próximo cliente —en su interior—.

Existe una nueva profesión, entre las emergentes del Siglo XXI, fundamental para conectar con tus clientes a través de tu página web: el *copywriting*. Es la habilidad de escribir de manera persuasiva cualquier tipo de texto de tu página web, para conseguir que tu cliente ideal realice una acción.

Hoy en día, los textos de una plataforma web se han convertido en la parte más importante de cara a concretar la venta de servicios y productos. Te recomiendo ponerte en contacto con uno de estos profesionales para llevar tu web a un siguiente nivel. Recuerda siempre que los textos de tu web deben simular una conversación con el usuario. Para seguir aportándote, te dejo tres *tips* que puedes aplicar ahora mismo:

1. Evita los textos corporativos. Salvo que seas una megaempresa —aunque ya ni estas lo hacen—, deja de lado *textos generalistas* que no conectan. Del otro lado hay personas con alegrías y con problemas, dejemos claro que lo tenemos en cuenta.

2. Háblales en el mismo idioma. Es evidente que si te dedicas a ayudar a mamás con niños pequeños, no es lo mismo que si ayudas a informáticos. Parece obvio, pero mi experiencia me dice que hay que recalcarlo.

3. Ponte en sus zapatos. ¿Es necesario hablar de lo geniales que somos? Un poco sí, si te da buena autoestima. Pero, en general, dedica la mayor parte del contenido de tu web a hablar y reflexionar sobre cómo puedes ayudar, de los beneficios —a veces ocultos— de tu talento y cómo puedes, en definitiva, transformar la vida de tus clientes.

Una de las mayores barreras a traspasar en el mundo online es la CONFIANZA. Muchas personas no están habituadas aún y creen que detrás de una página web hay una máquina fría que responde los emails. Es de suma importancia que humanices todos tus textos para lograr una comunicación directa y efectiva con tus potenciales clientes.

6. PROCESO DE DISEÑO PENSANDO COMO USUARIO —COMO TU CLIENTE IDEAL—

Todos somos usuarios de Internet y, si nos ponemos a pensar, podemos darnos cuenta cuándo una página nos resulta agradable. Ahora que sabemos cómo siente nuestro cliente ideal, podemos intuir cómo y qué le gustaría encontrar en una página web. Vamos a ver algunas claves en cuanto al diseño que te serán útiles, si decides darle estilos a tu web por tu cuenta.

- **Utiliza pocos colores.** Salvo que lo amerite, lo ideal es que tengas un color principal y uno secundario. Todo lo que estará en tu web comunica y los colores serán rápidamente asociados a tu marca, sobre todo si es una página en donde destacas tú como marca personal.
- **Jerarquiza la información.** Utiliza títulos, subtítulos y todos los estilos que creas conveniente, para darle al usuario una lectura cómoda y ligera. El usuario no debe gastar ni una gota de energía en pensar cómo seguir navegando en tu web o qué es lo más importante.
- **Divide tus páginas en pequeños bloques.** Sabemos que leer en pantalla no es tan fluido como en el papel. Utiliza bloques con diferentes contenidos para hacer agradable la navegación de tus secciones y comunica cuales son los pasos a seguir.
- **Intenta acompañar con el diseño lo que manifiestan tus contenidos.** Soy de los que piensan que lo primero son los contenidos y que el diseño acompaña. Esto no impide que podamos dejar nuestra web bonita, pero te recomiendo que lo visual sea la interpretación de los textos que, sin duda, serán lo más importante.
- **No escatimes en llamadas a la acción o CTA —*Call To Action*—.** Al final, nosotros debemos decirle al usuario qué es lo que tiene que hacer, para que no pierda tiempo y encuentre la mejor manera de «bucear» por nuestros contenidos hasta dar con las soluciones que brindamos. Una buena llamada a la acción es un botón que tendrá un color complementario al color principal de tu página web.

7. QUÉ REPRESENTAN Y COMUNICAN LOS COLORES

Una buena elección de los colores para tu web y tu proyecto puede hacerte subir la energía, ya que si te gustan te sentirás deseoso y alegre de compartirlo con todo el mundo. Es como ponerle nombre a tu perro: cuando lo tienes, te encanta mencionarlo. Además, hacemos asociaciones de las cosas para que luego nos sea más fácil recordarlas, y una de ellas, como te podrás imaginar, son los colores. Existen convenciones sobre qué es lo que comunican —aunque no es algo rígido—, y que te servirá para idear la imagen de tu página. Aquí te comento las connotaciones más acordadas:

- **Rojo:** acción, agresividad, sangre, peligro, energía, emoción, amor, pasión, fuerza, vigor y, desde mi visión, también sensualidad, expresividad, dramatismo e ingenio.
- **Naranja:** accesible, creatividad, entusiasmo, diversión, jovial, enérgico, juvenil y, desde mi visión, además significa cultura, abundancia, sociabilidad, amistad, bondad, expansión y seguridad en uno mismo.
- **Amarillo:** precaución, alegría, cobardía, curiosidad, felicidad, gozo, broma, positivo, sol, cálido… bajo mi perspectiva, aporta luz, calor, vida, energía y estímulo.
- **Verde:** frescura, medio ambiente, armonía, salud, curación, inexperiencia, dinero, naturaleza, renovación, tranquilidad… desde mi visión, aporta frescura, reinvención, limpieza, serenidad.
- **Azul:** autoridad, calma, confidencia, dignidad, consolidación, lealtad, poder, éxito, seguridad, confianza; además, desde mi visión, entendimiento, paz y necesidad de cambio.
- **Violeta:** ceremonial, costoso, fantasía, justicia, misterio, nobleza, regio, realeza, sofisticado, espiritualidad y, desde mi visión, además energía, transmutación, transformación, educación.
- **Marrón:** tranquilidad, profundidad, tierra, natural, áspero, riqueza, simplicidad, seriedad, sutil, utilidad, madera. Y desde mi punto de vista, aporta conexión, transparencia y sinceridad.

- **Negro:** autoridad, clásico, conservador, distintivo, formalidad, misterio; desde mi visión, elegancia, secreto, seriedad, tradición.
- **Blanco:** inmaculado, inocente, paz, pureza, refinado, esterilizado... desde mi perspectiva, también simplicidad, entrega, honestidad.
- **Gris:** autoridad, mentalidad, humilde, caprichoso, practicidad, respeto, sombrío, estabilidad y, desde mi visión, transmite equilibrio, elegancia y neutralidad.

Después, existen las diferentes tonalidades de cada color que es, en definitiva, lo que hará que te puedas diferenciar de otras páginas. ¿Te imaginas a Coca-Cola de azul? Los colores son importantes, créeme. No te olvides el elemento clave a la hora de comunicar: tu impronta. Mi verde no será ni comunicará lo mismo que el tuyo, si sabes darle tu toque.

8. DEDÍCALE UNOS MINUTOS AL SEO —SEARCH ENGINE OPTIMIZATION—

El proceso de mejorar la visibilidad de un sitio web en los resultados orgánicos de los diferentes buscadores que existen en Internet —Google, sobre todo—, es decir, el SEO, puede ser un poco tedioso de comprender, al principio. Te cuento que, además de comunicar para tus potenciales clientes, tienes que pensar en comunicar para Google.

Sí, lo sé: es un robot, pero te aseguro que entiende mucho. Y si entiende lo que estás comunicando, te posicionará y te enviará tráfico, que es de lo que se alimenta toda página web. No voy a entrar aquí en muchos detalles, por dos razones: la primera es que no soy un experto en el tema —aunque aplico varias técnicas con cierto éxito—, y la segunda es porque daría para un libro entero.

Lo que te recomiendo que hagas —y lo puedes aplicar en este momento— es que, a la hora de generar cualquier texto para tu web, imagines y escribas una lista de frases que tu cliente ideal pondría en el buscador para que aparezcas en los resultados. De allí saldrán muchas palabras clave referidas a tu sector, que querrás incluir en tus contenidos para que a Google le quede en claro cuál es tu foco principal.

Esto último es lo importante: Google pasará periódicamente por tu página para entender poco a poco cuál es tu tema y así incluirlo en sus resultados. Cuanto más valor estructurado ofrezcas, más arriba en el *ranking* estarás y más visibilidad obtendrás.

Luego puedes pensar en hacer cosas más avanzadas, como un buen *keyword research* o pensar en contratar a un profesional en la materia. Pero si tomas acción mínimamente desde el comienzo con el SEO, ganarás mucho terreno de cara al futuro. Es una tarea a largo plazo que te dará muchos buenos frutos.

9. GENERA CONFIANZA A TRAVÉS DE LA PANTALLA

La confianza, para cualquier profesional, es de los aspectos más importantes. Por un lado, cuando un cliente confía en nosotros nos sentimos muy bien y queremos darlo todo para satisfacerlo. Por otro, es importante comunicar en nuestra página web que contamos con autoridad sobre nuestro tema, y así transmitir confianza a través de la pantalla. ¿Cómo hacemos esto último?

Bueno, podríamos colgar un *currículum*, pero creo que está bastante pasado de moda y, además, aburre leerlo. Lo mejor, desde mi punto de vista y experiencia, es tener una buena sección de testimonios: las valoraciones de clientes satisfechos o de personas reconocidas de nuestro sector son la mejor demostración de confianza que podemos dar.

Puntos clave de un buen testimonio

Los testimonios deben seguir una cierta estructura para que sean efectivos. Veamos algunos puntos de importancia:

- El mejor formato: en vídeo. Provocan emociones y son más creíbles. Si es en texto, añadir una foto y un enlace de la persona para poder contactarla —siempre que sea posible—.

- Si es un testimonio de cliente, que transmita cómo se sentía antes de trabajar contigo y cómo se siente ahora. Cómo ha sido de pasar de un punto A, a un punto B totalmente diferente —contando además lo que ha tenido que atravesar durante el camino—.
- Duración: 1 minuto, como máximo 2. Seamos realistas: nadie se pasa una tarde viendo testimonios —una buena idea es poner un resumen en texto al lado del video—.
- Dale unos segundos a tu cliente para que cuente al principio algo sobre su proyecto. Esto lo hará sentir bien y estar mejor predispuesto para hablar del tuyo.

Ayuda a mucha gente y consigue grandes testimonios para tu web. Disfruta de unas palabras de cariño por brindarte al máximo.

10. PROPÓN LA DESVIRTUALIZACIÓN

Una vez que tengas tu página web montada con un mensaje claro que te represente, ¿por qué no ir un paso más allá? Somos seres empáticos, nos gusta conectar. Nos hace sentir más seguros si, al menos, vemos a la otra persona en directo. Te propongo que regales a tus potenciales clientes sesiones gratuitas contigo. Sobre todo, si estás comenzando. Si tienes la posibilidad de estar físicamente cerca, genial. Pero si no es el caso, una buena manera es teniendo sesiones online. No es lo mismo, pero es una buena forma de conectar: leer lenguaje corporal y saber más sobre las personas que nos necesitan es clave.

A mí me gustan mucho este tipo de sesiones, porque puedo descubrir si para mi potencial cliente soy la persona que necesita y también si encaja con mi propuesta, al mismo tiempo que conozco nuevos sueños. Las sesiones online con nuestros potenciales clientes son una gran oportunidad para ESCUCHAR.

Recuerdo una de mis sesiones, en la cual, luego de charlar un buen rato con mi posible cliente y conocerlo mejor, decidimos no comenzar con el proceso de creación de su página web. Al saber más de él y sus intenciones, percibimos que no era momento de pensar en hacer una página, sino más bien continuar con su proceso de definición de proyecto. Y como no contaba con un servicio para ayudarlo con dicha tarea, allí terminó nuestro encuentro. Mi primera sensación no fue buena y sentía que había perdido una posibilidad de trabajo, pero lo que realmente sucedió es que ambos crecimos en conocimientos. Mi potencial cliente supo más de su proceso y yo supe más sobre mis potencialidades y limitaciones.

Pasados seis meses me volvió a contactar y comenzamos la construcción de su plataforma web. Me había ganado su confianza, al no intentar crearle una necesidad donde todavía no existía. Aprendí que la mejor manera de vender es no intentar vender, sino más bien servir y ayudar para solucionar —de una forma transparente y honesta— un problema… si realmente estamos capacitados. Además, me surgieron nuevas ideas de productos, al tomar consciencia de problemas de mi cliente que no estaba contemplando. Por cosas como estas es tan importante conectar, aunque sea a través de la pantalla, porque nos hace mejorar como emprendedores y personas.

CONCLUSIONES

Nuestra web será como un bebé, que iremos viendo crecer con el correr del tiempo, por eso nuestra comunicación a través de ella irá cambiando. Los proyectos pasan por diferentes etapas y todas son dinámicas. Y no solo el negocio, nosotros no somos los mismos con el correr de los años.

Una comunicación sincera y honesta, con base en tu propósito, sin duda te asegura DIFERENCIACIÓN. Tu página web será el reflejo de lo que realmente eres, si te comprometes a ello. Aplica a conciencia lo que hemos visto y obtendrás grandes resultados.

Lo importante, más allá de las técnicas y estrategias, es que logres transmitir esa impronta que te hace único. Y que disfrutes de dar por el hecho de dar porque, a la corta o a la larga, terminamos cosechando lo que sembramos.

REINVENCIÓN PERSONAL, SIN PAJAS MENTALES

Sergio Melich
Pedagogía 3.0 para creación de comunidades de aprendizaje
www.lavidaesfluir.com

Si tengo que hablar contigo, querido lector, me permitirás que me descalce con total tranquilidad y que hablemos frente a frente. Ninguno de los dos tiene tiempo para que lo camelen, y creo que a estas alturas de tu vida apreciarás que sea franco y directo.

Mi nombre es Sergio Melich y llevo desde los 12 años diciéndole a la gente cómo vivo mi vida y por qué lo hago así, en vez de hacerlo de otro modo. Quizás por eso decidí en su día estudiar Pedagogía en vez de Psicología cuando fui a la universidad. Soy creador y gestor de comunidades de aprendizaje que dedico a temas como el emprendimiento digital, la sexualidad, las relaciones y el crecimiento personal.

En algunas ocasiones, puedo dar la impresión de decirte cómo tienes que vivir tu vida, pero, aunque te sorprenda que te lo diga, en realidad me preocupo más por los valores que demuestres. Creo que los valores son transversales a cualquier afinidad ideológica, moral, filosófica, política y religiosa, y por eso trato de darles el mayor protagonismo en mis proyectos. Mi talento coincide con mi intención: presentarte opciones reales, alternativas viables, posibilidades afines a ti y a las transformaciones que deseas lograr. De las decisiones ya te ocupas tú.

Me comprometí a hablarte de reinvención personal y voy a cumplir tan bien como sea capaz. Eso sí: requeriré de ti que hagas gala de una gran cantidad de responsabilidad, autocrítica, curiosidad y amor propio. Ve a servirte tu trago favorito y acompáñalo con un tentempié. Quiero que te sientas simplemente a gusto mientras dure nuestra conversación. Estoy a punto de exponerte a partes de tu vida que tienes guardadas en el trastero y acumulando polvo desde hace mucho tiempo... Así que relájate y disfruta.

Por si fueras de mente organizada, te dejo con el esquema general de lo que vamos a tratar en este apartado.

1. Ten claro si de verdad necesitas y deseas una reinvención.
2. No te tires de cabeza, que la piscina puede estar vacía.
3. Comprueba si ya cuentas con lo necesario y con lo suficiente —y ojo, ¡que son cosas distintas!—.
4. Visto todo lo anterior, es hora de trazar el rumbo.

Si ya te pica la curiosidad con esta introducción, te invito a entrar directamente al ruedo.

TEN CLARO SI DE VERDAD NECESITAS Y DESEAS UNA REINVENCIÓN

A menudo llegamos a ciertas etapas de nuestra vida pensando que no hemos superado todos los escollos; o bien que ya hemos recorrido tanto un mismo camino que ya no tiene nada nuevo que ofrecernos. Y eso está genial, sí, pero hay que quitarse las pajas mentales desde el principio. Resulta que, a la hora de plantearnos si es momento ya de cambiar, no tendemos a hacerlo porque de verdad sea necesario, sino porque las condiciones lo imponen. De hecho, voy más allá: el panorama actual tiene pinta de que, si no te reinventas, no vales una mierda... Porque es lo que se lleva. Pero hay algo que tú no sabes todavía sobre mí, y es que me encanta desafiar presuposiciones como esa y encontrar motivos propios para hacer algo, siempre que sea pertinente hacerlo. No comulgar con ruedas de molino es uno de mis rasgos distintivos.

¡Por eso me han invitado a hablar contigo dentro de esta iniciativa común! Para mencionarte que hay posibilidades para cambiar sin sentirte obligado a ello, ni excluido, si tus cambios no son los que el resto emprende o desearía que tú emprendas. Todos los que escribimos este libro coral queremos lo mismo: que escojas tu camino con claridad y conciencia, y que lo que emprendas lo hagas con conocimiento de causa… Así pues, aquí va la primera vez en que voy a tirarte de las barbas.

ANTES DE PENSAR EN TU REINVENCIÓN, PREGÚNTATE SI TE PUEDES PERMITIR UNA MORATORIA

En psicología del desarrollo, una asignatura que cursé durante mis estudios de Pedagogía en «la Complu» de Madrid, aprendí un tanto sobre un psicoanalista estadounidense —aunque originario de Alemania— llamado Erik Erikson. Puede que le conozcas por su teoría de la identidad y por ser el mismo que definió tu momento vital —si en el momento de leer esto ya pasaste de los 40 años, claro— como aquel cuyo conflicto es el de la *generatividad frente al* estancamiento[23].

Qué curioso, ¿verdad? Si a mí me dijeran que, llegando a esa edad, mi mayor problema es el de tener algo que hacer y sentirme pleno mientras lo hago, estoy seguro de que mi percepción sobre el asunto cambiaría mucho según como me fuera en la película. Por ejemplo, si me estuviese yendo más o menos bien y tuviera una ocupación satisfactoria, no pensaría tanto en eso del estancamiento. Tendría que haber tocado techo y verme incapaz de romperlo sin grandes sacrificios, como el de echar más horas de la cuenta solamente para mantener mi capacidad económica con el paso de los años. ¿Te suena familiar el asunto? Pues debería, porque a menudo eso es lo que ocurre: los sueldos se mantienen o suben un poquito, pero los precios suben bastante más que los sueldos. Y no es que todo el mundo se haya planteado tener fuentes de ingresos complementarias, o que puedan, aunque se lo hayan planteado…

[23] *El ciclo vital completado,* Erikson, E. H., & Erikson, J. M. Editorial Paidós, 2000

Volvamos con Erikson un momento para hablar acerca de la verdadera dificultad para emprender una reinvención personal y profesional, así como para procurarse fuentes complementarias de ingresos. Hagamos para ello un ejercicio mental: demos por válida la idea de que hay una forma de egoísmo que es positiva y que, de hecho, es necesaria para el éxito. Una vez damos por cierto eso, podemos introducir uno de los aportes más relevantes de Erik Erikson. Dentro de su teoría de la identidad, este señor habla de un concepto muy divertido para mí: LA MORATORIA PSICOSOCIAL. Con esa expresión, este autor se refiere al «tiempo muerto» en el cual todos los individuos podemos dedicarnos a la exploración de nuestra identidad… Y sí, también a su recreación.

El chiste que tiene es que, durante los espacios de moratoria, puedes probar prácticamente todo lo que te ofrece la vida sin que te salpiquen la mayoría de las consecuencias. Y eso nos plantea una nueva pregunta, confusa y poderosa por igual:

¿Puedes dejar a un lado la mayoría de tus responsabilidades y volverte plenamente egoísta durante el tiempo necesario para encontrar tu reinvención?

Y sí: ¡te lo pregunto de frente porque es lo que te va a tocar! Para que te hagas una idea, los ejemplos más comunes de moratoria en nuestra cultura son la adolescencia, el carnaval y los estudios universitarios. Casi todos los ejemplos tradicionales tienen una duración limitada y una temporalidad muy bien acotada. De los tres mencionados, tenemos uno que corresponde a una etapa del crecimiento humano que todos afrontamos; otro que ocurre al menos una vez al año —dos, si contamos Halloween—; y otro más de manos de uno de los niveles superiores de educación que no son obligatorios.

Actualmente, también se le reconoce el potencial de moratoria a la interacción virtual, por su característica principal: en Internet te sientes capaz de mostrarte de cualquier modo sin que las consecuencias te salpiquen, tanto para bien como para mal. Es precisamente la vertiente positiva de esto la que te permite aprovechar las redes como espacios de moratoria. En este caso se trata de una cuestión más sostenida en el tiempo, ya que este modelo de interacción es la constante de nuestros días. En el momento de escribir estas palabras, por ejemplo, tanto Facebook como WhatsApp tienen más de mil millones de usuarios.

Fíjate bien, porque te estoy hablando de experiencias relevantes para el ser humano que, aunque muy variadas en espíritu y en duración, permiten que puedas experimentar con valores, actitudes, comportamientos, compañías y expresiones de ti mismo. La idea de entrar en moratoria es que seguirás probando todas tus opciones hasta dar, normalmente por descarte, con todos los rasgos de identidad que sientas más afines a ti.

Dicho de otra forma: en los momentos de moratoria nos es posible experimentar; ya sea sentimental y sexualmente, con las drogas y otras cuestiones adictivas, o con adoptar otras identidades, por ejemplo. Y lo que es más: podemos hacerlo aplazando —totalmente o en parte— las consecuencias que tiene nuestra experimentación. Si uno se mete en lo de la reinvención sin medir tres veces antes de cortar, se puede llevar más de un susto desagradable.

Por eso siento la imperiosa necesidad de aconsejarte precaución… Y de brindarte una manera para salirte por la tangente cuando te veas envuelto en cosas así. ¿Te apetece conocer el truco para romper la cárcel de las ilusiones vacías y las pajas mentales? Pues aquí te lo cuento: hay que hacer una única comparación.

Tienes que situar quién eres hoy frente a cómo quieres que sea tu vida.

Así es: tienes que compararte contigo mismo. La comparación tendrás que hacerla con una versión de ti que ha logrado todo aquello que de verdad te propones, más allá de vanidades y de historias absurdas. ¿En qué se parece a tu «yo actual»? ¿Y en qué se diferencia? ¿Qué tuvo que aprender, cambiar o abandonar para llegar hasta donde está? Son esa clase de preguntas complicadas las que te acercarán al cambio que realmente necesitas y te alejarán de los miles de propuestas generalistas e impersonales que pululan por ahí.

Ahora bien, si por lo que parece —dado que tienes nuestro libro en las manos— nos estás siguiendo a cualquiera de nosotros, es más que probable que te puedas permitir esa moratoria en este momento de tu vida de la que hablaba antes. Es más: me atrevería a afirmar que has llegado a este punto porque has comenzado a ejercer tu poder transformador y estás buscando buenos alimentos para que tu chispa siga prendida. Sientes una necesidad y estás tratando de resolverla adecuadamente, y por ello te honro. En la medida de lo posible, quiero ayudarte a ignorar el ruido externo y las pretensiones ajenas, para que puedas encontrar tu voz interior en este proceso y dejar que se manifieste. Por eso te invito a que mires hacia dentro sin emitir juicios acerca de lo que encuentres. Quiero que te sinceres, pero no conmigo, sino contigo mismo. Necesito que te hagas dos preguntas muy sencillas:

- ¿Quién soy yo HOY?
- ¿Cómo quiero que sea mi vida A PARTIR DE HOY?

Y una vez te hayas dado una respuesta tan sincera, tan clara y profunda como te atrevas a darte, podemos pasar a otras cuestiones. Por ejemplo, podemos entrar a evaluar en qué aspectos de tu vida puedes o debes hacer más hincapié, y en qué medida debes priorizar unos sobre otros. E, incluso, podemos entrar a debatir cuál sería el aspecto clave a trabajar para facilitarte los cambios en todos los otros ámbitos que debas abordar.

Si esto no tiene mucho sentido para ti en este momento, lo comprendo y me disculpo. Estoy siendo vago e impreciso a propósito en este punto, porque no quiero que eches a correr antes de saber frenar o variar el ritmo, sostenerte de pie mientras no avanzas y ser capaz de, entre otras cosas, descansar, revisar, reflexionar y levantarte si te caes.

Te propongo un nuevo ejercicio mental. Como no sé exactamente quién y cómo eres, te voy a contar cómo te imagino. Así sabrás a quién tengo en mente cuando te escribo estas palabras. Si no representa exactamente tu caso, toma aquellos elementos que sí se correspondan contigo y adapta los demás a tus circunstancias personales. De esta manera, mantendremos un diálogo más ágil porque podré ahorrarme múltiples figuras del lenguaje y tú seguirás sintiéndote incluido en esta conversación. ¿Te parece bien? ¡Pues muchas gracias por colaborar en este ejercicio!

Ahora, la descripción sobre esa imagen de ti que me hago: lo más probable es que quieras una reinvención en términos personales y laborales; que quieras crearte un estilo de vida a tu medida, y compaginar esto con tu situación real... Situación que será, con bastante probabilidad, la de un padre de familia que está viendo acercarse la última década laboralmente hábil de su vida —y que como se despiste mucho se terminará comiendo los mocos—. Una persona que ha pasado casi toda su vida aprendiendo un oficio, sea del modo que sea: entrando como aprendiz en algún momento, o estudiando y formándote en algún otro —en especial si tus padres se partieron el lomo para poder financiar una parte de tus estudios—; para después tratar de ejercerlo de una forma digna y lo bastante estable como para permitirte una vida cómoda, sin demasiadas apreturas.

Incluso imagino que, en algún momento, has tonteado con la idea de abrir tu propia empresa y que habrás hecho tus pinitos; ya sea con algún familiar, con socios externos o con algún amigo. Y no entro en si te ha ido mejor o peor, pues por un lado considero que si has fracasado esa es una experiencia que te nutre y que te curte para la vida; y, por otro lado, únicamente me preocupa lo que quieres hacer a partir de este instante. Ahora bien... ¿Tienes madera o solamente ilusión?

Cuando te enfrentas a esta circunstancia de tener que poner pausa en tu vida y reorientar el rumbo, lo primero que se te ocurre es buscarte una salida digna de tu situación actual. Y ya que te pones, pues también aspiras a modificar sustancialmente tus circunstancias. Quiero decir que, ya que te esfuerzas, apuntas a metas como estas:

- Montar tu propio negocio o facturar como autónomo lo suficiente para poder montarte un plan de pensiones privado bien majete.
- Viajar un montón con tu familia o con quien quieras.
- Explotar la tecnología y tus pasiones para realizar una actividad profesional de manera ubicua...

Y si lo consigues todo a una, pues tanto mejor… ¿Es o no es? Pues eso. Por ello, te hago una advertencia: de la incertidumbre y de las dificultades no te libras, galán. En este mundillo de la reinvención, solamente hay promesas que no comportan obligación o deuda… ¡Tenlo en cuenta! Por imperativo moral —y por el multazo que nos puede caer por venta fraudulenta y publicidad engañosa—, no podemos prometerle resultados a todo el mundo. Ni parecidos, ni paralelos siquiera. Ningún tipo de resultado. Podemos hablar de lo que otros han logrado con nuestra guía y ayuda, siempre con nuestros mejores deseos de que eso te inspire a buscar tus propias transformaciones vitales. Podemos pincharte para que confecciones tus metas y te lances al ruedo. Eso sí, verás que mucha gente muestra sus *casos de éxito* de una forma trapacera… Es decir, animándote a pensar que tú podrías lograr lo mismo si te empeñas. Y no siempre es el caso.

Las personas que triunfan de estas maneras tan cuestionables han estado dispuestas a hacer cosas que, con gran seguridad, tú no harías ni por todo el oro de Moscú. Y por eso mismo me siento en el deber de pedirte que no te metas a ciegas en esta movida.

Podrías salir escaldado, echando pestes de todo esto y de todos los que participamos, directa o indirectamente, del gran *sarao* que es el sector servicios —y del cosmos de los servicios de desarrollo personal y profesional, en concreto—. Incluso podrías enemistarte con quienes criticamos abiertamente lo que señalamos como malos usos. Así que te aclaro mi petición entrando en detalles. Acompáñame al siguiente punto.

NO TE TIRES DE CABEZA, QUE LA PISCINA PUEDE ESTAR VACÍA

O peor aún: puede que esté llena, sí… pero de humo. Y, en tal caso, no será agua dura, sino pavimento lo que saldrá a tu encuentro cuando te lances. Cosa que no creo que te agrade mucho. ¿A qué me refiero con esta metáfora, te preguntas? Pues te lo respondo sin cortarme un pelo.

En la actualidad, y más por estos pagos de los servicios cibernéticos, estamos viendo el auge de determinadas industrias y movimientos socioculturales que se comportan todos del mismo modo:

- Generándote expectativas exageradas e insatisfacción crónica, contigo mismo y con tu vida tal como sois actualmente.
- Alentándote a llevar a cabo acciones neuróticas y compulsivas, que alimentarán esas expectativas y esa insatisfacción de las que hablaba en el punto anterior.
- Haciéndote pensar que no eres, ni sabes, ni tienes suficiente… Y que, si no estás constantemente gastando un dinero y un tiempo que no te sobran, precisamente, es que «te falta compromiso».

También hay personas que quieren verte bien y que, sin ninguna malicia, te comparten aquello a lo que le dan más crédito. Siempre habrá quien te recomiende a sus gurús de cabecera porque te quiere mucho y quiere verte prosperar. Así pues, y como dirían en México, bájale dos rayas y entra en esto con cuidado. Como te dije, la interacción virtual facilita la creación de situaciones de moratoria.

Recuerda que te hablé de una vertiente positiva para la interacción digital, y de una vertiente negativa. El poder ponerte un alias, construirte un personaje —o los que quieras— y disfrutar de un relativo anonimato, provoca que muchas personas abusen de esta facultad para fingir vidas de éxito y lucrarse a costa de su farsa. Muy a menudo verás que todo esto sigue patrones, métodos y esquemas concretos, cada vez más elaborados. Todos ellos buscan dos cosas:

1. Generar expectativas exageradamente altas sobre las ventajas de comprarles algo.
2. Conseguir que hablen de uno a cualquier precio, aunque sea mal, con tal de tener notoriedad.

Como te imaginarás, para lograr eso, todo vale para este tipo de métodos y para las personas que los usan. Desde meter la cuchara en plato ajeno y hablar más de la cuenta acerca de campos que desconocen, victimizarse para capitalizar la simpatía, generar polémicas para cribar público y ganar publicidad gratuita en base al rechazo que despierten… No deberías extrañarte si ves incluso a los políticos de hoy utilizando varias de estas estrategias, con tal de darse a conocer y parecer relevantes —si acaso no optan por turnarse para usarlas todas—.

Para prevenirse ante esta circunstancia, se puede aplicar una máxima que me dijo hace mucho tiempo un instructor de artes marciales:

«Si a ti se te ocurre hacer algo, a ellos ya se les habrá ocurrido antes; y probablemente con más mala leche que a ti». Ponte en los peores escenarios y piensa cómo podrías vacunarte o salir bien parado de ellos. Una buena idea sería echar mano de un libro llamado *La mente de los justos*[24]. Me agradecerás la pista. Y yo te agradeceré que me acompañes al próximo consejo.

DEDICA TIEMPO SUFICIENTE A CONOCER EL PANORAMA, EN VEZ DE IR DERECHITO A POR MODAS

Así no podrán dormirte con cuentos, ni generarte compulsiones. ¡Aunque no será porque no lo intenten con todas sus ganas! Te ofrecerán formaciones, experiencias transformadoras, metodologías probadas y formar parte de *la rosca*. Es decir: entrar en la burbuja para poder sumarte al círculo de los que mueven la mandanga entre ellos, y que haya así un poquito más para todos. Eso no es intrínsecamente malo, pero puede ser totalmente contraproducente: podrías entrar en un esquema diseñado para beneficiarse a tu costa, sin que el beneficio apenas repercuta en ti.

Piensa en ello como lo que sabes ahora acerca de los esquemas piramidales: en su día parecía una genialidad que era raro que no se le hubiera ocurrido a nadie; pero cuando veías que la pasta nunca te llegaba a ti y que no bajaba nunca de ciertos niveles, el asunto empezaba a olerte a chamusquina. Y cuando nunca recuperaste lo que pusiste, ya optaste por cagarte en todos sus muertos y en tu propia estampa, por picar. La diferencia principal con una pirámide es que ahora no solo se compite por tu dinero, sino por tu tiempo de atención y por tu fervorosa fidelidad. Hay gente a la que le encantaría que fueras tú quien cayera encima de sus críticos, escépticos y *haters*, y les evitaras a ellos entrar en la polémica. Así conservan un halo de inviolabilidad y, hasta cierto punto, incluso de martirio.

---

[24]   *La mente de los justos*, Haidt, J. Deusto Editorial, 2019

Muchos de ellos delegan los conflictos en sus seguidores incondicionales, quienes te dirán cosas como «Hay que ver, qué mala es la envidia»; o «Lo criticas porque no puedes igualar sus logros, mucho menos superarle», si te atreves a llevarles la contraria y cortarles el rollo. Por eso, recuerda siempre una regla de precaución: estamos hablando de negocios digitales y de un entorno en moratoria perpetua. Y, como se trata de un asunto de moratoria, la mayoría de las consecuencias que estos comportamientos normalmente tendrían, no se dan del mismo modo. Es más, amparados en la cuestión virtual y en las grandes ventajas que supone moverse por este medio, por cada persona que hace bien su trabajo puedes tener perfectamente a tres que llegan, hacen negocios a lo tiburón y desaparecen, generando un ambiente de frustración, descontento y crítica infundada hacia los que permanecen. Un falso positivo heurístico: *ya que tú también quieres venderme por Internet, tú eres tan mierda como el que me ha jodido antes.* Y sé que, como yo, no querrías que te encasillen de ese modo. Por esto, otro gran consejo...

CUÍDATE DE LO QUE DESEAS, Y MÁS AÚN DE QUIEN QUIERA DÁRTELO CON ATAJOS

Te digo esto porque asumo que deseas que tus acciones tengan buenos frutos, y poder disfrutar de lo que siembres y de las amistades que construyas por muchos años. Tal vez te pueda parecer pesado que lo reitere con tanto énfasis, pero lo haré una vez más: vivimos en un mundo acelerado y en cambio perpetuo, rodeados de una cultura que intenta generarnos una compulsión destinada a adoptar el mismo ritmo que lleva el mundo. Para tal fin, la premisa dominante es que debes conocer y adherirte a maneras de vivir que, en apariencia, te permitan ajustarse mejor a ese ritmo.

Pero sucede que tu ritmo interior, tu ritmo natural para elaborar un proceso y resolverlo, puede ser otro muy distinto al del mundo... Y si te dejas llevar por los atajos y las promesas de éxito fácil y rápido, lo más probable es que te toque cerrar el chiringuito antes de un año... y con pérdidas.

ES MEJOR QUE ENTRES AL RUEDO CON LAS EXPECTATIVAS CONTROLADAS Y LAS COSAS CLARAS

No te empeñes en dominar todas las estrategias, ni todas las áreas de este ámbito, porque no es necesario. Un buen líder sabe lo justo de todas las partes que componen su negocio para poder comprender lo que hacen sus colaboradores, socios y empleados. ¡Pero no para hacerlo todo sin ayuda! Por eso mi consejo en este aspecto es que te dediques a aclarar varias cuestiones. En mis comunidades de aprendizaje las observamos así:

- Identidad: quién eres y a quiénes te diriges.
- Propósitos: qué quieres hacer y para qué. Entronca con el sentido, el *por qué*.
- Relaciones: con quién haces las cosas y para quiénes las haces.
- Estilo de vida: qué haces para concretar todo lo anterior y materializarlo.

Una vez tengas claras estas cuestiones en el grado necesario para empezar a moverte, no pises el acelerador a fondo. Si no te saltas ningún paso, llegarás a tu destino en su momento y sin que a nadie le extrañe que hayas llegado allí.

COMPRUEBA SI YA CUENTAS CON LO NECESARIO Y CON LO SUFICIENTE... Y OJO, ¡QUE SON COSAS DISTINTAS!

Como te dije antes, cuando hablamos de reinvención hablamos de entrar voluntariamente en una moratoria. Ahora bien, ¿podemos permitírnoslo? Y cuando digo permitírnoslo, me refiero como mínimo a esto:

- ¿Puedo detener total o parcialmente mis actividades laborales y económicas? Por ejemplo: pedir una excedencia, tomarme un año sabático o algo similar.
- ¿Tengo asegurado mi sustento y el de mi familia durante el tiempo que necesito para mi moratoria? ¿Cuento con ahorros de emergencia ante imprevistos?

- ¿Tengo también ahorros suficientes para costearme los procesos de formación y de terapia que pueda necesitar durante mi moratoria?

En la adolescencia y en la universidad, es posible que entremos en moratoria porque son lapsos de tiempo que tenemos que afrontar como parte de la experiencia humana de *madurar*, durante los cuales contamos con apoyos externos. [25]

Ambos momentos vitales —el de adolescente, que es único en la vida, y el de estudiante, que podemos serlo a lo largo de toda nuestra vida, aunque nos resistimos a serlo cuanto más mayores somos— nos permiten acceder a espacios para la reflexión, el aprendizaje, la interacción y la confrontación de posturas y perspectivas. Y en esos casos, generalmente son la juventud y la inexperiencia los que justifican la moratoria... Cuestión que genera una duda de esas que da dolor de huevos.

ENTONCES... ¿SI YA NO SOMOS JÓVENES NI NOVATOS, AÚN PODEMOS ENTRAR EN MORATORIAS?

¡Ninguna preocupación! Todavía puedes hacerlo si lo necesitas y lo deseas. Salvo que no te atrevas a hacerte cargo de ti mismo... Porque ahora la responsabilidad, la decisión y el todo el peso de ambas, corren de tu cuenta. Por eso te daré algunas pautas extra, con más detalles, para comprobar si te lo puedes permitir:

- ¿Tu familia y tus amigos saben que deseas reinventarte y te apoyan en ello? ¿Cómo están las cosas en casa? ¿Y en tus círculos más cercanos?
- ¿Tienes saneadas las cuentas y un buen colchoncito de ahorros? ¿Puedes contar con apoyo financiero de tu entorno, sin recurrir a créditos? ¿Tienes claro qué riesgos financieros puedes asumir y cuáles no valen la pena?

---

[25] Bueno, en el caso de la universidad, generalmente somos nosotros los que escogemos si lo afrontamos o no. Y lo normal es que lo hagamos de jóvenes... Pero ya me entiendes.

- ¿Tu idea de reinvención personal y profesional está lo bastante bien formada? ¿Te ves capaz de compartirla con claridad y coherencia? No me importa tanto la extensión: para mí, contará incluso si puedes resumirla en una servilleta.
- ¿Conoces todas las habilidades, actitudes y conocimientos que requiere de ti aquello que deseas emprender en esta etapa de tu vida? ¿Cuáles dominas actualmente? ¿En cuáles andas más flojo?
- ¿Te sientes capaz de sacarle el jugo a todo lo que has aprendido en el sistema educativo, lo que has aprendido en tu trabajo y lo que has aprendido por tu cuenta a la vez? ¿Sabrías encontrar paralelismos, puntos de conexión, apoyos y palancas entre estas facetas de tu aprendizaje?

Te digo esto porque, aunque no lo creas, hay mucho que ya tienes logrado e integrado. Es decir, que probablemente no necesitas reinventarte en esas direcciones y puedes dedicar tu tiempo y tus recursos a cuestiones que de verdad lo necesiten.

*Lo mejor aquí es evitarte quimeras y no tratar
de arreglar lo que no esté roto*

Esto es una llamada a la coherencia en toda regla. Uno solamente sustituye lo que está obsoleto y ya no funciona como se espera y necesita que funcione. Del mismo modo, nadie arregla lo que no está roto, so pena de cargárselo de verdad. Así pues... Si ves que algo falla, o si los demás te hacen notar demasiadas veces algo en concreto, ahí sí que es legítimo que te preocupes por ello. Y lo que toca, querido lector, es que contrastes, en vez de tirarte de cabeza. Recuerda el segundo punto de mis aportes a este libro y te irá bien.

VISTO TODO LO ANTERIOR, ES HORA DE TRAZAR EL RUMBO

Aunque si eres sagaz, que no lo dudo, habrás visto que ya estábamos trazando un rumbo a lo largo de todos estos párrafos... De tal modo que solamente me queda animarte a tomar la responsabilidad completa de definir quién eres y cómo quieres que sea tu vida. Y, por supuesto, también deseo animarte a que tengas claro y decidas consciente y consecuentemente de qué medios te quieres servir, de quiénes quieres rodearte y de quiénes deseas aprender lo que necesites aprender para materializar tu vida deseada.

Recuerda siempre que todo tiene sus consecuencias, y que, como diría el gran Zatu en uno de sus mejores temas [26]—para mi gusto, claro—, «Cuando algo dura es que no sopla velas a modas pasajeras».

Como este libro trata de darte pautas y consejos útiles y aplicables, añadiré lo que considero que es un buen rumbo. Por lo general estará compuesto idealmente de estas decisiones, bien definidas:

- La profesión que quiero ejercer y el modo en que deseo generar valor y aportárselo al mundo.
- El lugar del mundo donde deseo residir permanentemente. Los sitios que quiero visitar y en los que quiero residir de forma temporal.
- Las relaciones que quiero crear —pareja, colaboración, amistad, trabajo, comercio...— y cómo quiero crearlas y guiarlas.

Ya te imaginarás que son las concreciones y la definición al detalle lo que más tiempo y dificultad conlleva... Aunque, por fortuna, no tienes por qué terminarlo a *matacaballo*, ni tienes por qué recorrer ese camino a solas.

Con todo lo dicho en los puntos anteriores, creo haberte dado unas pautas efectivas para comunicarte contigo mismo y tener más claridad si estás pensando en reinventarte a base de emprender, para que no te estrelles en el intento. A partir de ellas, ganarás perspectiva suficiente para saber reconocer el tipo de compañías, colaboraciones y mentores que puedes buscar para ayudarte a manifestar tus propósitos y convertir tus sueños, ideales y deseos en tu verdadero estilo de vida.

Por mi parte, ¡me toca cerrar ya el capítulo! Y, con total confianza, lo finalizo con un consejo más, esta vez en forma de máxima:

---

[26]   *Volver*, SFDK. 2017 SFDK RECORDS/BOA Música (www.youtube.com/watch?v=hkpEA9zflLA)

El primer paso puede ser el más complicado,
pero el más importante es siempre el siguiente paso que des.

No te diré la fuente exacta para no hacerte un *spoiler* importante, pero sí te diré que la cita sale de un libro de Brandon Sanderson —novelista a tiempo completo, para más señas—.

Esa es, para mí, la diferencia entre quienes se hacen responsables de sus decisiones y quienes se asumen como víctimas de las circunstancias: aceptar cada paso que das y la posibilidad de que te lleve lejos de aquellos resultados que buscabas, e igualmente ejercer tu poder para rectificar el camino. El apoyo externo es incapaz de suplir esta parte, si tú eres negligente con ella. Si te equivocas, puedes seguir adelante y asumir las consecuencias: aprende a hacerlo mejor la próxima vez, halla tu equilibrio y alimenta lo que es importante para ti. Con que recuerdes únicamente este último párrafo, me sentiré feliz de haber logrado mi propósito.

CÓMO SANAR LA AUTOESTIMA DE UN SUPERMAN A TRAVÉS DEL MINIMALISMO EXISTENCIAL —Y CON LA AYUDA DE SUPERWOMAN—

Tania Carrasco
Coaching y Minimalismo Existencial para mujeres con síndrome de Superwoman
www.revolucionat.com

Me consta, porque lo vivo cada día en mi trabajo como *coach* y terapeuta, que hay mucha gente buscando cómo sanar la autoestima, perdida en algún momento de sus vidas. Aunque también están quienes nunca la tuvieron. El caso es que los temas relacionados con la autoestima van, aparentemente, más unidos con el género femenino. Se nos atribuye la baja autoestima sobre todo a nosotras, cuando también hay muchos hombres que se infravaloran y sufren por creerse insuficientes.

Lo que te acabo de soltar es una perogrullada, porque sobra decir que tanto mujeres como hombres podemos perder nuestro poder en algún momento de nuestras vidas y olvidar nuestro amor propio. Y lo que es una obviedad se convierte en un problema cuando, a nivel consciente, sabes todo lo que te estoy contando, pero tu inconsciente te cuenta otra historia. Y esto tiene mucho que ver con la comunicación: exactamente, con el tipo de comunicación que tienes contigo mismo, primero, y con el resto de las personas después.

En el mismo orden de cosas, si eres un hombre con síndrome de Superman —y el caso es que esto es lo más habitual—, tendrás tendencia a:

- Ser protector.
- Aparentar fortaleza.
- Reprimir tus emociones.
- Intentar cumplir con tus obligaciones en todo momento.
- Correr detrás del éxito profesional.
- Y tener poca comunicación con tu verdadero ser, con esa parte más oculta, más vulnerable.

Todo ello hace que tu autoestima caiga y te olvides de quién eres.

Y es que no te engañes: los hombres, a rasgos generales, sois más torpes a la hora de comunicaros. Se os ha pegado el traje de Superman al cuerpo hasta tal punto que se os marca la rajita del culete. Vamos, que estáis algo constreñidos en lo que a comunicación, autoestima o manifestación de emociones se refiere porque os habéis metido demasiado en el papel de superhéroe.

¡Cuidadín! Que ya hay más de uno pensando: «Ya tenemos aquí a la feminista de turno diciendo tonterías y generalizando». Y es que, efectivamente, soy feminista y estoy generalizando —esto último no es más que para ponerle humor—.

Lo que está claro es que todas las personas, y por lo tanto tú también, arrastramos ciertas cargas que nos hacen sentir inferiores y cortan la comunicación con nuestro verdadero ser. Estos lastres te bloquean el camino y deterioran tu autoestima. Habrá que identificarlos y soltarlos para vivir con más paz. Aquí es donde entra en juego el MINIMALISMO EXISTENCIAL. De hecho, esta es la herramienta que más les gusta a mis clientas. Después de aplicarlo a mi propia vida, entendí que podría ser muy útil también en mi trabajo.

Como aún no te lo había dicho, tienes que saber que me dedico específicamente a acompañar a mujeres que sufren síndrome de Superwoman: mujeres autoexigentes, perfeccionistas, con baja tolerancia a la frustración y una gran desconexión emocional.

Tanto en mis cursos como en mis sesiones siempre utilizo el Minimalismo.

¡Ah, perdona! ¿Que no sabes lo que es el Minimalismo Existencial? Pues no te preocupes, que enseguida lo vas a saber. Entre otras cosas, te ayudará a responder preguntas como estas:

- ¿Cómo sé qué es lo que ya no necesito seguir cargando?
- ¿Cómo sé qué aspectos de mí ya no sirven para avanzar?
- ¿Cómo sé cuándo tengo que soltar una creencia e instaurar otra?
- ¿Qué es para mí lo esencial, eso que si no lo tengo me hace perder la paz?
- ¿Cómo puedo soltar mi capa de Superman y seguir volando?

Porque, como podrás deducir, esas preguntas ya tuve que hacérmelas yo a mí cuando decidí, por fin, quitarme la capa de Superwoman. Yo era de esas mujeres que parece que pueden con todo y que además lo hace con una gran sonrisa en la cara. De esas mujeres que están ahí para todo el mundo porque entienden muy bien las necesidades de los demás pero, sin embargo, no tienen la más remota idea de qué es lo que ellas necesitan.

Mis circunstancias me hicieron querer aparentar ser de «hierro», y te metes tanto en el papel para no volver a sufrir que te lo acabas creyendo. Por todo esto, sé muy bien que soltar lastre es una de las mejores cosas que puedes hacer por ti. Así pues, el Minimalismo Existencial te servirá para:

- Aprender a comunicarte mejor contigo mismo para consolidar una autoestima más sana, donde no te haga falta la capa.
- Aprender a comunicarte mejor con otras personas, teniendo así mejores relaciones, en especial con el sexo contrario —y con Superwoman—.
- Apartar de tu vida todo lo que te impide aceptarte como eres y seguir avanzando.
- Y usar todas las cualidades que ya tienes para favorecer la consecución de un mundo mejor.

Entonces tendrás que venir conmigo porque tienes mucho de lo que desprenderte para dejar espacio y que entre todo el amor propio que te mereces. ¿Vamos?

LA MAL ENTENDIDA IDEA DE SUPERMAN Y SU RELACIÓN CON TU AUTOESTIMA

¿Has visto la peli de Superman alguna vez? Ya, es una pregunta absurda... El caso es que el fenómeno de Superman es tan antiguo y está tan integrado en la sociedad, que forma parte del imaginario colectivo. ¿Qué es el imaginario colectivo?

Es un conjunto de símbolos y conceptos en la memoria y la imaginación, en una variedad de individuos pertenecientes a una determinada comunidad. La toma de conciencia de todas esas personas, al compartir estos símbolos, refuerza el sentido de comunidad. A menudo, estas representaciones fantasiosas de la realidad llegan a trascender las mismas circunstancias que se han producido en el mundo real y adquirir la fuerza y la belleza del mito, convirtiéndose en los iconos de toda una etapa en la historia de un pueblo. Incluso, fíjate: cuando se acuñó la expresión *imaginario colectivo*, Superman ya llevaba unas cuantas décadas en el mercado.

Pero el imaginario colectivo no es la realidad. La idea que tienes sobre lo que tiene que ser un hombre, relacionada con la idea de Superman, tampoco es la realidad. Porque la realidad es aquello que no puede cambiar. Lo inmutable. Y cualquier idea representada por el imaginario colectivo es susceptible de ser cambiada y, por tanto, no puede ser real. Entonces, cuando te aferras a ideas que no son la realidad, sufres y tu autoestima decae; aunque la idea parezca preciosa al principio o incluso te haya servido en alguna ocasión.

CÓMO ES LA AUTOESTIMA DE SUPERMAN

En la ficción todo es fácil y tiene una explicación. A no ser que los guionistas sean de estos *cabr...* que te dejan con mil preguntas en la cabeza y la película «a medias». Superman es un héroe que ha venido a la tierra a salvar el mundo y eso mola cantidad. Pero... ¿qué ocurre, para ti como hombre, fuera de la ficción?

Como en el imaginario colectivo existe la figura de Superman como icono de los valores masculinos más demandados, finges ser un

Superman porque te resulta incluso más fácil que ser tú mismo. En él ya has identificado las cualidades que supuestamente le hacen valioso, pero ¿sabrías hacerme una lista tan exacta de tus propias cualidades?

Siempre es más fácil esconderte detrás de personaje que estás representando, que mostrarte como eres y exponerte a ser rechazado. Cuando, encima, ni siquiera tienes muy identificado cómo eres en realidad. Por tanto, podríamos pensar que la autoestima de un hombre de este planeta que quiere ser Superman es una autoestima falsa. Sé de lo que te hablo porque yo también he pasado por ello.

Sé lo que es seguir pareciendo fuerte mientras todo tu mundo se desmorona. Sé lo que es querer salvar el mundo cuando no eres capaz ni de mirarte a los ojos a ti misma. Sé lo que es sentirse única e insignificante al mismo tiempo. ¡Pero calla, que nadie se entere!

¿POR QUÉ LA IDEA DE SUPERMAN NO TE BENEFICIA?

La idea de Superman no te beneficia, simplemente, porque ese no eres tú. Es una idea acerca de un tipo de hombre que nada tiene que ver con la realidad y que, además, carece de cualidades tan importantes como la asertividad y la habilidad para comunicarse. De hecho, este superhéroe era un poco cafre en lo de comunicarse, por no hablar de que iba a su puta bola y desaparecía cuando le daba la gana. Vale, se iba a salvar el mundo, pero como no te lo quería contar tú no podías saberlo y estabas ahí con el *runrun*, comiéndote la cabeza como una tonta.

Y esto será ficción, ¡pero en la vida real también pasa! La diferencia es que ese que te ha dejado con el *runrun* no se ha ido a salvar el mundo, ni mucho menos. ¡Venga, hombre! Desde luego, no queremos hombres así. Al menos, yo no los quiero. Pero en tu inconsciente, después de casi un siglo de la aparición de Superman, ha quedado grabada la idea de que es un buen prototipo de hombre al que puedes aspirar.

Del mismo modo que, a muchas mujeres, se nos ha quedado grabada la idea de que ese es el mejor tipo de hombre y seguimos esperando que un día entre volando por la ventana —y que, de paso, limpie los cristales—. Antes esperábamos al príncipe que venía en el caballo blanco. Hasta que nació Superman y nos dimos cuenta de que lo de volar era mucho más rápido… y te ahorrabas tener que limpiar las cacas del caballo[27].

Todas esas ideas, que contadas así parecen absurdas, cuando se graban en el inconsciente entran a formar parte de los programas mentales que te hacen razonar unas cosas, pero hacer otras totalmente diferentes. Como sabes, tu mente se compone de tres partes diferenciadas:

- Mente consciente —racional—.
- Mente subconsciente —emocional—.
- Mente inconsciente —donde anida el imaginario colectivo y todas aquellas memorias que has heredado—.

Cuando una idea se hace tan fuerte que es compartida por el mundo, entra en el imaginario colectivo y en el inconsciente de las generaciones posteriores. Todo el mundo sabe quién es Superman, todo el mundo asocia determinadas cualidades a este personaje y, a la mayoría, le parece que es un prototipo de hombre admirable. Sin querer, acabas comparándote con un personaje irreal a cuya altura nunca podrás estar. Esto mina tu autoestima sin necesidad y te aleja de lo que de verdad quieres.

Claro que, para saber lo que quieres y actuar en coherencia, tienes que ser muy consciente del daño que te hacen estos prototipos definidos respecto a lo que tiene que ser un hombre. Y cuando seas consciente, tendrás que convencer a tu subconsciente para que crea lo mismo que tú y no te sabotee.

LA LUCHA ENTRE SUPERMAN Y SUPERWOMAN —Y CÓMO ASÍ SE HACE AÑICOS TU AUTOESTIMA—

La lucha de sexos sigue muy presente en nuestro día a día… y cansa muchísimo. Como todas las luchas. En mi caso, hace tiempo que dejé de luchar y considero que abandonar la lucha y convertirla en

---

[27] Dos párrafos seguidos vinculando el tema de la limpieza con el género femenino. ¡Esto es lo que se llama *inconsciente colectivo*!

otras cosas —aceptación, paz, amor, libertad, equidad— nos beneficia muchísimo.

Sin embargo, si echas un vistazo al imaginario colectivo del que te venía hablando, las mujeres salimos mal paradas y eso propicia que muchas de nosotras tengamos la lucha muy viva en nuestros corazones. Porque, en dicho imaginario colectivo, en el inconsciente del mundo, se ha grabado a fuego que nosotras somos ciudadanas de segunda. De nuevo, a nivel consciente a casi todo el mundo le queda claro que esto no es así… pero recuerda que es el subconsciente el que domina.

Volviendo al tema de Superman, te pongo un ejemplo totalmente relacionado con la metáfora que sustenta este artículo: años después de su aparición, le sale una compañera femenina con poderes similares. «Superwoman», pensarás, ¿verdad? ¡Pues no! El personaje en cuestión se llamaba Supergirl.

Vamos, que Superman era un hombre hecho y derecho, pero Supergirl era una adolescente en plena pubertad. ¿A ti qué te parece? ¿Por qué Superman es *man* y Supergirl, que tendría que ser *woman*, es *girl*? Si no eres muy aficionado al mundo de los cómics, habrás estado pensando durante años, como yo, que la versión femenina de Superman era Superwoman. ¡Estábamos equivocados, *colegui*! Pero si te interesa el tema y sigues leyendo, te darás cuenta también de que, además, Supergirl tenía muchos más poderes que Superman, y sin embargo no tiene la misma importancia en el inconsciente colectivo.

Dicen que incluso tenía más fuerza física que él… Entonces, ¿por qué el icono por excelencia es el de Superman, cuando Supergirl da muchísimo más juego y es más competente en sus funciones de heroína[28]? ¿Por qué Supergirl es una segundona? ¡Jolines que lleva falda y todo!

Las respuestas son muy obvias: hace siglos que se relegó a la mujer a un segundo plano en todos los niveles. Por eso, es más fácil

---

[28]   ¡Ea! El femenino de *héroe* es *heroína*, que suena de todo menos bien…

atribuirnos a nosotras la falta de autoestima. Es una obviedad que las personas marginadas —en este caso, las mujeres— tendrán tendencia a tener una autoestima más baja. Sin embargo, hay que tener en cuenta que cuando hay lucha entre dos bandos, los niveles de conciencia de ambos bandos suelen ser similares: si no, no habría lucha. Así, cabe decir que si mujeres y hombres aún tenemos conflictos entre nosotros es porque no hemos resuelto nuestros conflictos internos y nos encontramos al mismo nivel.

Pero no pretendía hacer una disertación sobre el mundo del cómic, sino hacerte llegar la reflexión de que esos ideales de Superman, o Superwoman, a los que aspiras, lo único que hacen es alejarte: primero de ti mismo, luego del resto. Porque, tanto Superwoman como Superman, son ideales inalcanzables que te dejan a merced de lo que otras personas esperan de ti. Y esto es un problema muy gordo tanto para hombres como para mujeres, que determina que aún no nos entendamos.

Al mismo tiempo, esa falta de entendimiento provoca luchas de poder y que no te sientas en igualdad: te sientes por encima o por debajo. Pero resulta que tanto sentirse por encima como sentirse por debajo son dos caras de la misma moneda y solo tienen que ver con tu ego. De hecho, después de haber leído esto y de considerar que la falta de autoestima es atribuida a las mujeres, podría considerarse que:

- Los hombres se sientes superiores respecto a las mujeres.
- Las mujeres nos sentimos inferiores respecto a los hombres.

Pero esto no es así necesariamente. Según cuenta el psicólogo catalán Joan Garriga en su libro *El buen amor en la pareja*[29], sucede más bien al contrario:

- Las mujeres nos sentimos superiores a los hombres.
- Los hombres se sienten inferiores a las mujeres.

Sea como fuere, hasta que no convenzamos a nuestro inconsciente de que todas las personas somos iguales, no habrá nada que hacer por muy buenas intenciones que le pongas al tema.

---

[29]   *El buen amor en la pareja*, Joan Garriga. Ediciones Destino, 2012

¿QUÉ PUEDE HACER SUPERWOMAN POR SUPERMAN, Y SUPERMAN POR SUPERWOMAN, PARA VIVIR EN PAZ?

Esto que parece tan complicado es la mar de sencillo. ¿Qué puedes hacer para vivir en paz con cualquiera? ¡Empezar por aprender a vivir en paz contigo mismo! Cuando una persona tiene la autoestima tocada:

- No se acepta.
- Está intentando cambiarse o se hace la víctima.
- Culpa a otras personas de lo que le ocurre.
- Tiende al pesimismo.
- Le da más importancia a sus «defectos» que a sus «virtudes».

Y cuando alguien se encuentra en esta situación de *no aceptación* de sí mismo y su propia vida, es complicado que acepte a otras personas. De ahí vienen los combates entre Superwoman y Superman, mientras en la ficción luchan juntos por el bien de la humanidad. Y este punto sí es en el que podrías fijarte para seguir trabajando tu verdadera autoestima.

Cuando dos bandos luchan, lo que se pone de manifiesto es una falta de amor propio tremenda. Estamos viendo la paja en el ojo ajeno sin ver la viga en el nuestro. Cuando ambos bandos se dan cuenta de esto, pueden unirse en un objetivo común: mejorarse desde dentro para mejorar el conjunto.

Por tanto, no es la falta de aceptación de la otredad lo que genera las luchas. Lo que genera las luchas es la falta de aceptación de uno mismo. En realidad, eres una persona muy poderosa. Quizá mucho más que Superman… si no tenemos en cuenta lo de volar y todo eso. Lo que ocurre es que has olvidado tus poderes. Y cuando recuperas tus verdaderos poderes no solo te ayudas a ti mismo, también nos ayudas a nosotras.

CÓMO USAR EL MINIMALISMO PARA QUEDARTE SOLO CON LOS PODERES QUE NECESITES EN CADA MOMENTO

Seguro que ya has oído hablar de *minimalismo*, porque está de moda. Hace tiempo que vengo utilizando esta filosofía de vida para trabajar con mis clientas. Confieso —y es lo que más me gusta— que el minimalismo me sirve para todo. Por ejemplo, para ir deshaciéndome poco a poco de cualquier aspecto de mi vida que suponga una carga en mi evolución. De esta manera, antes de trazar un plan para conseguir un objetivo concreto, te conviene identificar qué te está impidiendo conseguir lo que quieres —y, por tanto, sobra en tu vida— y cómo deshacerte de ello. Una vez conseguido esto, ya tienes el camino más despejado hacia tu objetivo.

En estos momentos, tienes a tu disposición muchos poderes que llevas utilizando mogollón de años, y que puede que ya no te estén sirviendo. Sin embargo, por costumbre y apego, te aferras a la idea que tienes de ti mismo, comportándote como te comportas siempre en lugar de decir adiós al personaje que te has creado cuando ya no te sirve. Y, al mismo tiempo, hay poderes que traes de serie, pero al no haber aprendido a utilizarlos estás desaprovechando. Ahondar en ti mismo y conocer cuáles son estos poderes, te ayudará a sanar tu autoestima y hacer del mundo un lugar mejor.

CUÁLES SON LOS PODERES QUE CREES QUE TIENES

Como te decía, hay un montón de poderes que probablemente ya tengas identificados en ti y estés utilizando desde hace tiempo:
- Fuerza.
- Pragmatismo.
- Ambición.
- Racionalidad.
- Y todo eso está muy bien, mientras no lo confundas con:
- Bloquear las emociones.
- Posicionarte por encima de quienes consideras más débiles.
- Enfocarte únicamente en el desarrollo profesional.
- Fingir invulnerabilidad.

Porque esto es lo que pasa muy a menudo: tienes una idea de cómo tendrías que ser en función de la información que has ido recogiendo y, si no te sientes así, te esfuerzas por aparentarlo. Todo ello, como hablábamos antes, te aleja de ti mismo y se acaba convirtiendo en una carga en tu camino.

CUÁLES SON LOS PODERES QUE DE VERDAD NECESITAS

Del mismo modo que usas ciertos poderes, o has tenido que aprenderlos porque pensabas que te ayudarían, tienes otros poderes que quizá por desconocimiento o porque pensaste que no se adaptaban a ti, podrás aprender a utilizar ahora para avanzar más rápido en tu camino:

1. La comunicación contigo mismo. En algún momento de tu proceso te desconectaste de la fuente y dejaste de escuchar a tu Yo Esencial. Seguramente la presión social pudo más que tu alma y te fuiste al lado oscuro —ahora he cambiado de película, lo siento—. Ahora ha llegado el momento de volver a escucharte, dejarte hablar, manifestar lo que de verdad desea tu alma.

2. La comunicación con el resto. Cuando aprendas a comunicarte contigo, o bien te resultará fácil comunicarte con el resto o, directamente, ni siquiera necesitarás hacerlo. Sin embargo, teniendo en cuenta que eres un ser social, gregario, habrá momentos en lo que comunicarte con el resto sea algo grandioso. Pero ya no te comunicarás de la misma manera y tus relaciones serán mucho más sanas y verdaderas.

3. La vulnerabilidad. Las personas con síndrome de Superman, o Superwoman, huyen de la vulnerabilidad. Piensan que mostrar sus debilidades les hace exponerse demasiado al dolor. No se trata de contarle a nadie que tú también sufres y sangras, de lo que se trata es de aceptar tus emociones, tal y como vengan, en lugar de taparlas.

4. El respeto. Parece que las personas que se hacen las fuertes se respetasen más. Esta tampoco es la realidad. Por lo general, si aparentas ser algo que no eres te estás traicionando a ti mismo. Por tanto, ahí no hay ningún respeto. Y el caso es que defiendo

la idea de que uses tus poderes según los necesites, incluso fingiendo cuando sea por tu bien. Pero esto es un arma de doble filo que solo te beneficia si tienes claro por qué usas cada poder en cada momento. O sea, que para que te beneficie tienes que tener un gran conocimiento de ti mismo.

5. La escucha activa. Voy a lanzar otra *perogrullada*, ¿vale? Ahí va: los hombres no escucháis muy bien, vais más a vuestro aire. De nuevo, generalizando muchísimo. *Sorry me!* También es verdad que esto de la escucha activa no es una cualidad que sobre, ni entre hombres, ni entre mujeres. Sin embargo, pararte de verdad a escuchar a la vida, o a las personas con las que compartes esta vida, te enseña casi tanto como escucharte activamente a ti mismo.

6. La aceptación. Cuando te aceptas tal como eres, y aceptas todo lo que te rodea, se acaba la lucha. Cuando aceptas de verdad, dejas de imponerle a nadie cómo tendrían que ser las cosas. Simplemente dejas que la vida te sorprenda, poniendo todo tu amor en ello. Porque la aceptación y el amor propio van de la mano, y son de las herramientas más poderosas que tienes a tu alcance en estos momentos.

Por supuesto, hay muchos más poderes que puedes potenciar, pero estos son los fundamentales si quieres empezar a sanar desde dentro.

CÓMO DESHACERTE DE LOS PODERES QUE YA NO NECESITAS, PARA DEJAR ESPACIO A LOS NUEVOS PODERES

Te he dado algún adelanto en apartados anteriores. Para deshacerte de lo que ya no necesitas sería interesante:

1. Acepta lo que es tal y como es: a ti y al mundo. Cuando aceptas y la lucha desaparece, solo queda espacio para el amor. Antes de decir adiós a lo que no necesitas, hay que aceptar que ahora mismo está formando parte de tu vida. Cuando lo has aceptado sin condiciones, solo entonces, puedes desprenderte de ello de verdad.

2. Conócete para que sepas qué poderes necesitas usar en cada momento. En la fase anterior, la de la aceptación, ni siquiera necesitas saber de qué te quieres desprender y de qué no. Es ahora cuando, en este punto 2, una vez aceptadas las cosas como son, toca tomar decisiones. Pero para saber qué es lo que ya no te sirve, y qué es lo que te gustaría que entrase en tu vida, tienes que conocerte. Para ello tendrás que escucharte, como te comentaba antes. Cuando te escuchas y te vas conociendo, usas tus diferentes poderes según los vas necesitando: no siempre hay que ser fuerte, ni ambicioso, ni escuchar activamente a alguien que te da igual.

3. Toma decisiones. Una vez que has identificado aquello de lo que te quieres desprender, empieza a hacerlo. Haz una lista y ve una por una, con todo lo que hayas apuntado. No pretendas hacerlo todo a la vez. Deshazte de las cosas de una en una —ideas, creencias, objetos, relaciones, hábitos…—, a un ritmo que te resulte agradable. Empieza deshaciéndote de las ideas. Son las creencias inconscientes las que marcan el ritmo de tu vida, por eso la lucha entre Superman y Superwoman sigue latente. Estás programado para hacer frente a esa lucha con las armas que tienes, pero pensando que es una lucha que no va contigo porque, como te digo, son ideas inconscientes. Y eso te pasa con estas ideas y con muchas otras relaciones con cómo eres, cómo vives y cómo te gustaría ser y vivir.

   Y ahora quizá estés pensando: «Si son ideas y creencias inconscientes y no sé que las tengo, ¿cómo me voy a deshacer de ellas?». Muy fácil: observa cómo es tu vida y qué reflejan de ti las personas con las que te relacionas normalmente. Por ejemplo, si siempre te falta dinero, la vida te está reflejando que hay creencias de escasez o no merecimiento. Échales un vistazo a las leyes del espejo. Cuando algo de lo que vives no es como te gustaría, puede estar provocado por alguna de tus creencias. Por eso es tan importante que tengas claro que la idea de hombre y mujer que tienes no solo es sesgada, sino que viene programada. Esto no se arregla con manifestaciones —que están muy bien y sirven para otras cosas—, sino liberando tu inconsciente personal para influir en el inconsciente colectivo.

4. Perdónate y deja de juzgarte. Perdónate por todo aquello que no supiste hacer mejor y que aún arrastras. De lo primero que te tienes que desprender, para poder avanzar, es de la culpa. Tenemos tendencia a culparnos por todo. A esa culpa consciente, habría que añadirle también la que traes de serie de forma inconsciente. El hecho de sentirte culpable y enjuiciarte constantemente, determina que hagas lo mismo con el resto de las personas. No te perdonas a ti, no perdonas a los demás. Y para arreglar esto solo habría que entender algo muy sencillo: si tú hubieras nacido de la misma forma que esa otra persona, en la misma familia, y hubieras vivido exactamente las mismas circunstancias, habrías hecho lo mismo que esa persona a la que juzgas.

Nadie, independientemente de la vida que lleve, puede hacerlo mejor de lo que ya lo está haciendo. Porque si pudiera hacerlo mejor, lo haría. Es más: cuando pueda hacerlo mejor, así lo hará. Mientras tanto, es imposible. Cada cual, en cada momento, con las herramientas que tiene, lo está haciendo todo lo mejor que puede. Así que cuando vayas a juzgarte, recuerda que lo haces lo mejor que puedes y perdónate por no poder hacerlo mejor en ese momento. Y cuando vayas a juzgar a otra persona, recuerda que tú en su lugar habrías hecho lo mismo... y perdónate también por haberla juzgado.

Que entiendas esto salva tu mundo... y también el mío.

CONCLUSIONES

Solo tienes un problema en tu vida: la falta de amor. Y es el problema común que tiene el mundo entero. Todas las personas contribuimos a perpetuar estos «problemas amorosos» a través de nuestros programas mentales. Tanto hombres como mujeres. Por mucho que a nivel consciente estés en contra del machismo, por poner un ejemplo relacionado, para actuar verdaderamente como una persona que busca la igualdad tendrás también que poner esa conciencia en coherencia con tu subconsciente. Si a nivel consciente piensas que todas las personas somos iguales en derechos, pero en tu subconsciente de siglos y siglos está grabada la creencia de que las mujeres somos inferiores, ¿cómo crees que actuarás?

Habrá un conflicto entre lo que piensas y lo que sientes, y eso te hará sentirte mal contigo mismo. Así que empezar por revisar los programas mentales que les dicen a los hombres que son superiores, «supermanes», y que como tal se tienen que comportar, es un buen punto de inicio para sanar tu autoestima. Los mismos programas que nos dicen a nosotras que somos heroínas pero que, al mismo tiempo, tenemos que ocupar un segundo plano para que estos «supermanes» mantengan su autoestima intacta y no entren en colapso.

Y estos son los verdaderos problemas del mundo… ¡a mi parecer, claro!

Cuando te das cuenta de que solo eres, y solo puedes ser, amor, y te vuelves a conectar con la Fuente de ese amor, entonces es cuando el consciente y el subconsciente van entrando en coherencia. Por eso me parece tan importante aplicar el minimalismo cada vez que sientas que hay algo en tu vida que no marcha como te gustaría; algo que sobra, algo que bloquea.

El minimalismo existencial te ayuda a quedarte con lo esencial, con lo que verdaderamente necesitas para vivir en paz contigo. Y para que los hombres vivan en paz necesitan darse cuenta de que son puro amor y de que está bien expresarlo; tienen que saber que pueden comunicarse con ellos mismos y con el mundo que les rodea sin máscaras, desde un lugar que está muy dentro de todos nosotros y donde solo hay luz.